ARTE ALL' ARTE

ARTE ARCHITETTURA PAESAGGIO

UN PROGETTO DI
ASSOCIAZIONE ARTE CONTINUA

Gli Ori

Inaugurazione 13-14-15 settembre 2002

CISTERNA
BX 874ZK

Arte all'Arte 2002 VII edizione
13 settembre 2002 - 6 gennaio 2003

ARTE CONTINUA associazione culturale
Va del Castello 11 – 53037 San Gimignano (SI)
Tel. ++39 0577 907157 fax ++39 0577 940484
e-mail: artecontinua@tin.it
www.artecontinua.org

Direzione artistica
Mario Cristiani, Lorenzo Fiaschi, Maurizio Rigillo

Coordinamento generale e relazioni esterne
Carolina Taddei

Segreteria organizzativa
Silvia Pichini, Alice Fontanelli, Beatrice Lomurno, Verusca Piazzesi, Sandra Recio Morilla, Massimo Billi, Simona Innocenti

Allestimenti e trasporti
ES Logistica, Calenzano (Fi)
Sandra Mariotti, Elena Gori

Ufficio stampa
Bondardo Comunicazione

Desideriamo ringraziare per la preziosa collaborazione:

Comune di Casole d'Elsa
Piero Pii, Sindaco
Valentina Feti, Vicesindaco
Comune di Colle di Val d'Elsa
Marco Spinelli, Sindaco
Curzio Bastianoni, Assessore alla Cultura
Comune di Montalcino
Massimo Ferretti, Sindaco
Roberto Turchi, Assessore Lavori Pubblici
Comune di Poggibonsi
Luca Rugi, Sindaco
Rossella Merli, Assessore alla Cultura
Comune di San Gimignano
Marco Lisi, Sindaco
Gianna Coppini, Assessore alla Cultura
Comune di Siena
Maurizio Cenni, Sindaco
Maria Antonietta Grignani, Assessore alla Cultura
Amministrazione Provinciale di Siena
Fabio Ceccherini, Presidente
Gianni Resti, Assessore alla Cultura
Claudio Galletti, Assessore all'Agricoltura
Giorgio Del Ciondolo, Assessore al Turismo
Alessandro Piccini, Assessore all'Ambiente
Giunta Regionale Toscana
Claudio Martini, Presidente
Tommaso Franci, Assessore all'Ambiente
Mariella Zoppi, Assessore alla Cultura
Tito Barbini, Assessore all'Agricoltura

Alab'arte (Roberto Chiti, Giorgio Finazzo, Massimo Fiaschi), Rosalba Aldrovandi, Giuseppe George Alesci, Autogruvaldelsa, Marco Bagni, Gilda e Mary Bartalesi, Paolo Bartali, Valerio Bartoloni, Fabio Bastianoni, Stefano Bellaveglia, Giovanni e Loretta Bini, Lanfranco Binni, Maurizio Botarelli, Giampiero Brogi, Pierbruno Burresi, Enrico Capocchi, Albino Caporale, Federica Casprini, Gigi Ceccarelli, Loris Ceccarelli, Andrea Cecchi, Bruna Cecchi, Dante Cecchini, Dott. Ciacci, Circolo Ricreativo di Mensano, Guido Civai, Mauro Civai, Consorzio Agrario di Siena, Luciano Corsoni, Andrea Cossu, Lucia Cresti, Lucia Cristiani, Paolo Delli, Antonio Da Martinis, Agostino Di Giuseppe, Peter Fillingham, Lorenzo Fontanelli, F.lli Ceccarelli, Marco Galli, Roberto Giannetti, Ugo Gilletta, Fabrizio Giovannini, Vittorio Giubbolini, Franco Granai, Remo Grassi, Carlo Iozzi, Tullio Leggeri, Angelo Lippi, Sandra Logli, Carlo Lombardini, Stefano Macciò, Gabbriello Mancini, Geom Tommaso Manduca, Sergio Manganelli, Rodolfo Maralli, Attilio Maranzano, Francesca Marconi, Pierluigi Marrucci, Manuela Morandi, Vittorio Moschi, Margherita Mugnai, Giuseppe Mussari, Ines e Giuliano Musumeci Greco, Sandra Muzzi, Hans e Luis Oberrauch, Dino Pagliuca, Don Walter Pala, Alessandro Pannacci, Moreno Pericciolì, Leo Peters, Arianna Pieri, Barbara Pii, Fondazione Querini Stampalia, Teresa Rigillo, Fabio Roggiolani, Alessio Sammicheli, Roberto Santini, Gilberto e Rosa Sandretto, Giorgio Sbrilli, Novia Scacchieri, Alessandro Socci, Soprintendenza ai Beni Ambientali Architettonici, Renzo Spagnesi, Bruno Staccioli, Claudio Tosi, Roberto Turchi, Toni Ulivieri, Fabrizio Valleggi, Patrizia Vannini, gli artigiani della Vilca, Daniel Wrightson, Giacinta Zarrilli, il Direttore e lo staff del Palazzo delle Papesse – Centro Arte Contemporanea.

La realizzazione dell'opera di Cildo Meireles all'Orto de' Pecci di Siena è stata resa possibile grazie alla preziosa collaborazione e al gentile contributo di: Arch. Mario Terrosi, Ing. Luca Stocchi, F.lli Ceccarelli, Impresa Fabiani Gino & C, Cooperativa La Proposta.

La visita all'opera di Miroslaw Balka nell'ex Carcere di San Domenico a San Gimignano è resa possibile grazie alla collaborazione dell'Associazione Archeologica Sangimignanese, al Circolo Il Castello e al gruppo musicale Strange Band.

Per la realizzazione dell'opera di Lothar Baumgarten si ringrazia IFA, Stoccarda

Il Progetto Arte all'Arte è stato possibile grazie al contributo della Fondazione Monte dei Paschi di Siena

7 A CURA DI
EMANUELA DE CECCO E VICENTE TODOLÍ

MIROSLAW BALKA
LOTHAR BAUMGARTEN
TACITA DEAN
CILDO MEIRELES
MARISA MERZ
DAMIÁN ORTEGA

PROJECT EXHIBITION
PALAZZO DELLE PAPESSE

TEATRO DE' LEGGIERI
MARIO AIRÒ

UN PROGETTO DI ASSOCIAZIONE ARTE CONTINUA

PROMOSSO DALLA AMMINISTRAZIONE PROVINCIALE DI SIENA
ASSOCIAZIONE ARTE CONTINUA E PALAZZO DELLE PAPESSE

IN COLLABORAZIONE CON I COMUNI DI
CASOLE D'ELSA, COLLE DI VAL D'ELSA, MONTALCINO
POGGIBONSI, SAN GIMIGNANO, SIENA
E LA REGIONE TOSCANA

Realizzazione del volume
Gli Ori

Coordinamento editoriale
Carolina Taddei

Assistente al coordinamento editoriale
Elena Marcheschi

Redazione
Verusca Piazzesi

Progetto grafico e impaginazione
Pagina

Traduzioni
Jeremy Carden
Marta Del Zanna
Arianna Pieri

Fotografie
Ela Bialkowska
Roberto Borgogni
Duccio Nacci

Fotolito, impianti CREO™ *e stampa*
Alsaba, Siena

Printed in Italy

ISBN: 88-7336-049-1

Sommario

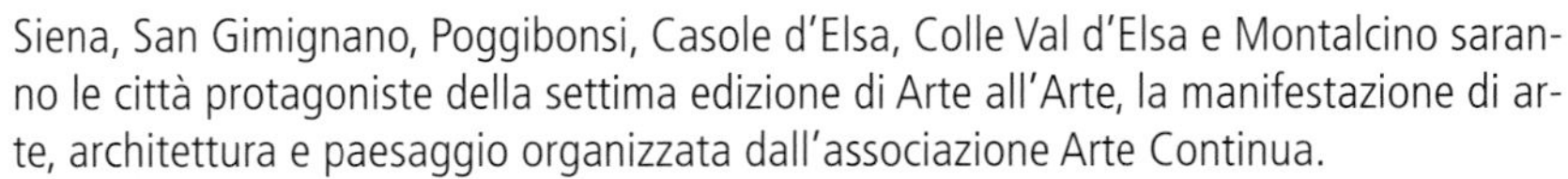

Siena, San Gimignano, Poggibonsi, Casole d'Elsa, Colle Val d'Elsa e Montalcino saranno le città protagoniste della settima edizione di Arte all'Arte, la manifestazione di arte, architettura e paesaggio organizzata dall'associazione Arte Continua.
Anche quest'anno, le opere realizzate da sei grandi artisti provenienti da tutto il mondo, valorizzeranno le campagne e le città che prendono parte al progetto, esaltando le bellezze di un territorio che è già di per sé arte.
Da sette anni, grazie a questa manifestazione di alto valore culturale, l'arte contemporanea esce dai musei per fondersi con il paesaggio toscano e le sue architetture, esaltando il legame tra passato e presente, tra le opere antiche, frutto di secoli di lavoro e di sedimentazione sul territorio, e le opere moderne, ispirate al luogo destinate ad ospitarle, e realizzate esclusivamente per questo.
Grazie a questa sua peculiarità, Arte all'Arte si è affermata nel tempo come una delle rassegne culturali più originali e accreditate a livello internazionale, e per questo gode del patrocinio di numerosi enti, tra i quali anche quello della Regione.
La Toscana è da sempre terra di "contaminazione": per noi le differenze sono uno stimolo a progredire e un arricchimento culturale. Vogliamo valorizzare il nostro patrimonio artistico – il tesoro più grande che abbiamo – ma anche guardare al futuro, unendo l'originalità e l'effetto dirompente dell'arte contemporanea alla bellezza della tradizione.
Le opere di Miroslaw Balka, Damián Ortega, Marisa Merz, Tacita Dean, Cildo Mereiles e Lothar Baumgarten sapranno guidarci in un viaggio alla ri-scoperta del nostro territorio che difficilmente potremo dimenticare.

Claudio Martini
Presidente

Le azioni intraprese negli ultimi anni dalla Regione Toscana hanno confermato la ricchezza del tessuto del sistema dei centri d'arte contemporanea e le potenzialità di espressione dell'arte del presente, in rapporto con una molteplicità di istituzioni ed esperienze, di patrimoni e risorse artistiche e professionali.
Il ruolo che la Regione si è oggi assegnato è quello di favorire una maggiore presenza ed una più chiara visibilità delle produzioni e dei centri toscani nei circuiti della produzione artistica e della fruizione dell'arte in ambito nazionale e internazionale, favorendo altresì, attraverso la circolazione delle produzioni e delle idee, la crescita culturale dei centri, creando le condizioni per la formazione e la valorizzazione dei giovani artisti, l'accesso a tecnologie avanzate di produzione, comunicazione e diffusione dell'arte contemporanea.
Associazioni come Arte Continua e Palazzo delle Papesse, che agiscono in collaborazione con i Comuni di Casole d'Elsa, Colle di Val d'Elsa, Montalcino, Poggibonsi, San Gimignano e Siena offrono un fondamentale contributo alla creazione e alla percezione di quella Toscana della Contemporaneità che, pur essendo assolutamente vitale e ad alto livello artistico fa, spesso, fatica a presentarsi all'esterno in tutta la sua forza creativa.
Manifestazioni come Arte all'Arte giunta ormai alla sua VII edizione, grazie anche ai suoi prestigiosi curatori Emanuela De Cecco e Vicente Todolì, propongono un rapporto non episodico e non evanescente, ma si calano nel vivo dei territori proponendo ai singoli artisti un'azione mirata su un luogo ad un tema. Ne scaturisce un incontro fra culture, percezioni e sensibilità, che non esclude, ma, al contrario, coinvolge artisti, intellettuali, imprenditori, abitanti e gente comune.
Un'operazione intelligente e saggia che sa lasciare segni di sé, che sa ricercare dialoghi iniziati da secoli nella pace delle campagne come nel tumulto delle periferie urbane, nei luoghi consacrati dalla storia come negli ambiti derelitti o abbandonati dalla storia e dagli uomini.
Un'operazione culturale, dunque, che sa mettere e ri-mettere in gioco situazioni ambientali, culturali ed artistiche e che propone un'immagine dinamica ed autentica della terra di Toscana.

Mariella Zoppi
Assessore alla Cultura

Provincia di Siena

Arte all'Arte raggiunge, quest'anno, la settima edizione, ma soprattutto si pone ad una svolta quanto mai importante e di qualità. La crescita della manifestazione, infatti, richiede un coinvolgimento maggiore dei soggetti che fino ad ora hanno sostenuto l'iniziativa, in primo luogo la Provincia e i sei Comuni che vi aderiscono.
Merita sottolineare che anche nella progettazione di una manifestazione del genere, Siena sa riproporre il suo modello innovativo nel settore della contemporaneità. Arte all'Arte rappresenta un significativo esempio di progettazione originale legata alle suggestioni che giustappunto l'arte, l'architettura, il paesaggio toscano producono nella sensibilità dei maggiori ed emergenti artisti contemporanei. L'originalità di questa operazione culturale, consiste principalmente nel fatto che le opere sono frutto di una interazione fra artisti e territorio. E ciò rappresenta indubbiamente una sfida rispetto a una realtà dove – per ovvie ragioni – predomina la forte impronta del passato e che, a volte, sembrerebbe non poter dialogare con la modernità. In tal caso si riesce, invece, a parlare linguaggi nuovi e a prefigurare modelli e idee di futuro.
Non di meno, la disseminazione di opere d'arte sul territorio, costituisce una sorta di guida all'interno dei nostri ricchissimi giacimenti culturali, nonché l'occasione per promuovere percorsi e itinerari nelle diverse espressioni della cultura materiale, dei beni ambientali; dei prodotti eno-gastronomici.
Tutto ciò è riconducibile a quella cosiddetta 'economia della conoscenza' che punta sulle risorse rinnovabili, sul turismo intelligente, su un viaggiatore che non 'usa' frettolosamente il territorio, ma che di quel territorio gusta ogni sua presenza, suggestione, ricchezza.

Fabio Ceccherini
Presidente

Finalmente Arte all'Arte è tornata a Siena. Dopo gli avventurosi esordi e dopo essersi attestata come una delle manifestazioni più interessanti e innovative dell'arte contemporanea a livello non solo nazionale, la figura snella della "scala" di Cildo Meireles si staglia verso i territori dell'antico Stato senese, volendo interpretare un collegamento ideale tra la città e la sua campagna, proprio quella illustrata nel *Buon governo* di Ambrogio Lorenzetti. Un corretto rapporto tra arte e ambiente viene così confermato come il principale punto di impegno dei curatori delle iniziative di Arte all'Arte.
I paesaggi senesi costituiscono di per sé opere d'arte impareggiabili stratificate da secoli in un mirabile equilibrio di sostrato naturale e di lieve intervento umano. Inserire in ambito tanto delicato una forma contemporanea è opera intrigante e coraggiosa.
Nell'Orto de' Pecci, luogo di elevato valore simbolico per la nostra città e come congelato dall'età medievale, la "scala" di Meireles riesce perfettamente a interpretare un corretto spirito contemporaneo, attento a costruire un ponte solido tra le imprese del passato e le fondate speranze di un futuro sereno.

Maurizio Cenni
Sindaco

Comune di Colle di Val d'Elsa

Sin dall'esordio del nostro impegno a favore della manifestazione Arte all'Arte, abbiamo ritenuto che, coniugare le tendenze artistiche del presente con le antiche testimonianze del passato, sia un progetto ambizioso, teso al recupero ed alla valorizzazione del nostro patrimonio culturale.
Il dialogo tra presente e passato è uno tra gli argomenti di stretta attualità a Colle di Val d'Elsa, sia per l'imminente inizio di lavori di recupero architettonico del centro cittadino, sia per il ritrovamento di reperti archeologici di grande valore.
È all'interno del fervore architettonico che anima la città, che si inserisce la scelta di Marisa Merz di operare in uno dei punti nevralgici dell'abitato: nel luogo dove un tempo sorgeva la Porta Vecchia, principale accesso all'insediamento medievale.
Il torrione cilindrico, fortificazione che oggi delimita la città, deve il suo aspetto attuale alla rielaborazione del circuito murario, compiuta dai fiorentini in un momento successivo all'assedio del 1479, grazie all'opera di Giovanni di Matteo, e tra gli altri Giuliano da Sangallo.
Nei secoli successivi il torrione è stato poi adibito a cisterna d'acqua, conservando però la sua architettura originaria.
Il lavoro di Marisa Merz, consistente nell'inserimento di un pannello di rame a chiusura della porta di entrata, è stato condotto nel pieno rispetto dell'antica struttura: un intervento semplice, non invasivo, che si pone con ossequio nei riguardi del monumento.

Marco Spinelli
Sindaco

La promozione di progetti ed eventi legati all'arte ha ispirato nel corso degli anni la partecipazione di Montalcino a manifestazioni di grande successo come Arte all'Arte. Le installazioni di opere di prestigiosi artisti hanno animato piazze, chiese decadenti, spazi abbandonati facendoli pulsare di vita nuova. I vari progetti hanno stabilito un connubio di grande suggestione fra l'arte del passato e quella del presente facendo riscoprire luoghi abbandonati e molto spesso dimenticati perché lontani dalle mète tradizionali del turismo. Così la Piazza del Duomo ha cambiato volto ed è stata valorizzata per ospitare degnamente l'installazione permanente di Jannis Kounellis integrandola nel tessuto urbano e nel paesaggio.

Per la VII edizione di Arte all'Arte, Montalcino ospita invece nella Chiesa di San Francesco e nel chiostro adiacente, l'opera di Lothar Baumgarten, uno tra i massimi esponenti dell'arte contemporanea degli ultimi decenni. Con le sue venticinque diaproiezioni in bianco e nero raffiguranti una ricca, curata e dettagliata esposizione di prodotti tipici locali e altri oggetti di consumo nelle vetrine dei negozi di paese, l'artista non solo ha messo in evidenza il contrasto esistente fra le immagini proiettate e il luogo di culto che versa in condizioni di abbandono ma ha voluto far capire come il motore commercio abbia influito sulla trasformazione della città. Ancora una volta quindi Montalcino aderendo al progetto di Arte all'Arte che valorizza e arricchisce un patrimonio culturale già di notevole evidenza, contribuisce a rafforzare il legame fra passato e presente , fra Arte, Architettura e Paesaggio che in terra di Siena costituiscono di per sé una naturale simbiosi .

Massimo Ferretti
Sindaco

Con il settembre 2002 giunge al suo settimo appuntamento il progetto Arte all'Arte. Arte-Architettura-Paesaggio, pensato dall'Associazione Arte Continua di San Gimignano e promosso, oltre che dalla stessa Associazione, dalla Provincia di Siena e, quest'anno, da Palazzo delle Papesse di Siena. La realizzazione odierna della collaudata proposta correla l'arte contemporanea ad una rete territoriale ampliata, al cui interno l'impegno del Comune di Siena accanto a quello consueto dei comuni di Poggibonsi, Colle di Val d'Elsa, Casole D'Elsa, San Gimignano e Montalcino, determina una situazione di rilevante significato evidenziato dalla collaborazione, dal sostegno e dalla promozione forniti alla manifestazione dalla Regione Toscana, dalla Provincia di Siena e dall'A.P.T. di Siena. Per Poggibonsi l'artista invitato a creare un'opera specifica per la città è il giovane messicano Damian Ortega impostosi recentemente all'attenzione internazionale come uno degli artisti più interessanti dell'ultima generazione.
Presente alla mostra Squatters realizzata nel 2001 a Porto, proprio in quest'autunno 2002 l'ICA di Philadelphia lo ha invitato a tenere la sua prima mostra in uno spazio museale. Si tratta di un'artista che, confrontandosi anche con il linguaggio della scultura tradizionale, trae ispirazione da oggetti semplici e quotidiani, come piccozze, palline da golf, mattoni, di cui smonta funzione e senso per il quale erano stati costruiti e, alterandoli, ne svela componenti nascoste, aspetti impliciti, o diversi o marginali, ma centrali una volta proiettato l'oggetto di partenza oltre la logica della sua produzione originaria.
Questo è quanto si evince anche dalla lettura della sorprendente esposizione realizzata da Ortega, in occasione di Arte all'Arte 2002, presso l'Enopolio di Poggibonsi, da lui intitolata *120 Giornate* ispirandosi al mondo letterario e cinematografico da De Sica a Pasolini. Centoventi, infatti, sono le variazioni prodotte dall'artista sul tema unico della bottiglia di Coca Cola in vetro, concepita al contempo come silhouette del corpo femminile e come immagine simbolo del consumismo attuale, per altro più volte ricorrente nell'ambito dell'arte contemporanea.
Con il suo lavoro Ortega ci invita a compiere uno strano viaggio nell'universo delle bottiglie-variate, manipolate, distorte plasticamente e poi fermate nel rigore freddo del vetro in nuove forme riproducenti parti del corpo: bocche, organi, unioni di elementi, mostruosità, morfologie ironiche, ibride, gioiose. Il risultato è quanto mai efficace per una molteplice sovrapposizione di valori. La collocazione stessa dell'esposizione nell'Enopolio evoca il legame, giocato per contrappunto, sulla visibilità dei conteni-

tori di Coca Cola trasformati in altro e il rimando implicito ai contenitori tradizionali del vino e al vino stesso come metafora rossa del sangue diventato trasparenza nei corpi-bottiglia svuotati della Coca Cola sparita con la loro forma originaria.
È inoltre di grande suggestione il materiale usato da Ortega, il vetro profondamente radicato alla realtà produttiva della Valdelsa fino dal medioevo e che diviene, in questo caso, il nodo fra l'idea artistica di Damian e la profonda maestria dei vetrai della Vilca, che hanno concretamente realizzato gli oggetti. Ultimo anello di una tradizione artigianale-artistica di retaggio antico, essi sono stati lasciati liberi da Ortega medesimo di immaginare ulteriori metamorfosi delle bottiglie nell'atto della loro esecuzione.
Il valore artistico dell'opera è dimostrato dalle complicazioni metaforiche che sembrano superare gli intenti dichiarati dall'artista nel titolo e proprio questo ne qualifica la forza poetica, soprattutto se il visitatore riesce a coniugare alla lettura oggetto per oggetto, quella di insieme, lasciandosi trasportare dal sogno iridescente di una vetreria alchemica o dello strumentario di una farmacia preindustriale, o del sortilegio che scaturisce dalle capacità del vetro o semplicemente dalla percezione di una fragilità che resiste, di una vitalità che ce la fa a sopravvivere alla malattia e alla morte, rigenerandosi in forme nuove.
Certamente con la propria adesione al progetto "Arte all'Arte" Poggibonsi intende tornare, per tramite dell'opera di Damián Ortega, ad accreditare l'espressione contemporanea dell'arte fra le proposte culturali rivolte alla popolazione e ai visitatori della città, operazione questa che, del resto, negli ultimi anni il Comune ha compiuto e compie, acquisendo opere d'arte contemporanea al patrimonio cittadino e qualificandosi sempre più come luogo specializzato nella formazione finalizzata alla comprensione corretta dei percorsi e dei linguaggi dell'espressione artistica odierna.

Luca Rugi
Sindaco

Comune di San Gimignano

Il Sindaco e la Giunta Municipale di San Gimignano visitano l'installazione di Miroslaw Balka presso l'ex-carcere di San Domenico

La settima edizione di Arte all'Arte presenta due opere, di Mario Airò e di Miroslaw Balka, in due luoghi non casuali. Mario Airò costruisce il suo "teatro dei teatri toscani" in uno spazio che rinasce allo spettacolo e che di nuovo aspira a diventare punto di riferimento culturale non solo cittadino. Miroslaw Balka con le sue "sedie ruotanti" nell'ora d'aria dell'ex-carcere, rischia di diventare una metafora dell'attesa paziente dei Sangimignanesi per un recupero sostenibile e di grande qualità ambientale e civile dell'ex-carcere, ex-convento di San Domenico minacciato dalla smania di *business* (necessità?) dell'Agenzia del Demanio dello Stato che vuole fare l'ennesimo, inutile grande albergo.
Negli anni Arte all'Arte è diventata anche questo: una strada per cogliere i nodi più importanti del progetto della Città. E siccome la Città viene da lontano sono nodi grossi.

Marco Lisi
Sindaco

Comune di Casole d'Elsa

Con piacere presentiamo questa pubblicazione che documenta gli interventi realizzati dagli artisti per Arte all'Arte 2002. Come Comune di Casole d'Elsa abbiamo aderito alla settima edizione confermando così la partecipazione agli obiettivi del progetto e la volontà di portare opere d'arte contemporanea anche nei piccoli centri. Quest'anno abbiamo accolto due interventi di Tacita Dean, giovane artista inglese, che lavora sia con il disegno, che con la fotografia e il suono, per quanto l'artista si sia affermata sulla scena internazionale principalmente per i suoi film girati in 16 mm.
Al circolo di Mensano Tacita Dean ha presentato il suo nuovo film in 16 mm girato durante la sua permanenza per la preparazione della mostra e dedicato a una delle figure più importanti dell'arte contemporanea italiana, Mario Merz. In questa occasione è stato riattivato all'interno del Circolo il vecchio cinema che non veniva più usato da molti anni coinvolgendo attivamente gran parte della cittadinanza di questa frazione di Casole d'Elsa alla quale va un sentito ringraziamento.
Altro intervento di Tacita Dean è una serie di sei disegni di fondali marini, mappe inventate e sognate incise su lastre di alabastro seguendo le venature e le suggestioni della materia stessa. Questo lavoro, il primo che l'artista abbia realizzato in alabastro, è stato esposto negli spazi di una piccola Chiesa di Casole d'Elsa.
Come ogni anno l'amministrazione comunale e la cittadinanza si sono impegnate per promuovere questi interventi con la convinzione che sia importante valorizzare il nostro territorio sviluppando il tema dell'arte contemporanea in un contesto che di per sé ha già un ricco partimonio artistico composto sia da testimonianze archeologiche sia dell'arte medievale e moderna.

Valentina Feti
Assessore alla Cultura

Introduzione

Da quest'anno, grazie al coinvolgimento maggiore della provincia di Siena e al reingresso della città di Siena, il progetto *Arte all'Arte Arte Architettura Paesaggio* viene ad avvicinarsi a uno dei suoi motivi fondanti.
Questo non solo perché viene a essere promosso oltre che dall'associazione Arte Continua anche dalla Provincia di Siena e dal Palazzo delle Papesse, ma perché, in questo modo, si rafforza la condivisione dell'obiettivo di pensare l'arte come agente del nostro tempo, come realizzatrice di luoghi da vivere.
A questo scopo, oltre alle installazioni che sono state realizzate a cura di Emanuela De Cecco e Vicente Todolì, realizzeremo il primo convegno del progetto Arte all'Arte Arte Architettura Paesaggio con l'obbiettivo di aprire dall'anno prossimo, almeno in via progettuale, il rapporto tra artisti e architetti in modo sistematico rispetto alle possibilità realizzative di cui necessitano le città coinvolte. Altro importantissimo obiettivo che parte quest'anno è la realizzazione, nell'ambito del progetto *Arte All'Arte Rinascimento Nascimento*, della Piazza d'ingresso ai nuovi musei Leonardiani della città di Vinci, a cura di Giacinto Di Pietrantonio e Romano Nanni, che verrà affidato direttamente alle idee di alcuni tra i piu significativi artisti del nostro tempo.
Arte all'Arte è un progetto che l'associazione Arte Continua di San Gimignano ha ideato e organizzato negli ultimi sette anni in collaborazione con nove amministrazioni comunali, Casole d'Elsa, Colle di Val d'Elsa, Firenze, Montalcino, Poggibonsi, San Gimignano, Siena, Vinci, Volterra, tre amministrazioni provinciali: Siena, Pisa, Firenze, la Regione Toscana, la Comunità Fiamminga, l'Unione Europea, il Museo Leonardiano di Vinci, lo S.M.A.K. di Gent, il Museo Het Domein di Sittard.
Con questo progetto l'associazione Arte Continua ha cercato di creare un punto di contatto tra il mondo dell'arte contemporanea internazionale e alcune comunità locali toscane fortemente segnate dalla presenza dell'arte, specialmente medievale e rinascimentale, sviluppando due filoni di ricerca: uno cercando interconnessioni tra Arte Architettura Paesaggio, e l'altro tra Arte Tecnica Tecnologia e Scienza.
Siamo appassionati dell'arte di ogni tempo e per noi il Medioevo, il Rinascimento e il bellissimo paesaggio toscano non sono esattamente il passato, o un'immagine da cartolina, ma una parte importante della nostra vita, del nostro presente, e ci auguriamo anche del nostro futuro.
Quando nel 1990 con Maurizio Rigillo e Lorenzo Fiaschi e altri amici decidemmo di dare vita a due situazioni parallele, l'Associazione Arte Continua e la Galleria Conti-

Loris Cecchini, *Sonar - Casa della musica,* 2001, installazione permanente, Colle di Val d'Elsa

nua, anche se non eravamo in condizione di realizzare quello che, grazie all'aiuto e alla collaborazione di molti stiamo realizzando adesso, pensavamo ai due irrinunciabili lati che da sempre s'incontrano nell'arte, almeno in Italia. L'uno, l'arte generatrice dello spazio pubblico della città, accessibile anche ai non addetti ai lavori, capace di costituire quel tessuto di esperienze, minimo comune denominatore che secondo noi crea senso d'appartenenza e in un certo senso amore per il posto, sia per chi vive sia per chi lì si trova a passare sia per chi decide per scelta o per necessità di abitarci. L'altro che alimenta il primo e ne sta alla base, che è dato dalla passione e dall'occhio dei singoli che diventano collezionismo pubblico e privato. La scommessa è stata, ed è, agire alla luce del sole, chiarendo i due lati che volevamo sviluppare, ponendo sempre più con chiarezza la posta in gioco a partire dagli artisti, ai curatori, oltre che agli amministratori pubblici, rispetto alla domanda che l'arte in Italia, forse anche altrove, pone.
Sicuramente l'incontro con Luciano Pistoi, fin dal 1992, ci ha dato la spinta a non abbassare il tiro, anche di fronte alle difficoltà che una situazione come questa

Nari Ward, *Illuminated sanctuary of empty sins,* 2001, installazione permanente, Poggibonsi

privata/pubblica, profit/no profit, scelte sostenute da soli nella galleria/scelte condivise con altri, (soci, curatori, Amministrazioni pubbliche) nell'associazione, fin dall'inizio ha sempre presentato.

Ho assunto la carica di presidente nel 1995 con lo scopo preciso di affermare che non si poteva accettare che nel nostro territorio si vivesse l'arte dei nostri giorni come qualcosa del più elementare e facile livello d'espessione quando non addirittura insignificante, e soprattutto con Maurizio Rigillo e Lorenzo Fiaschi, con i quali condivido l'amicizia oltre che la direzione artistica del progetto, abbiamo provato e stiamo provando con caparbietà a costruire un'alleanza territoriale per fare quello che in questa piccola parte di mondo è stato fatto sempre, cioè cercare gli artisti più interessanti del momento e chieder loro di lavorare oltre che per l'arte anche per queste comunità.

Questo sia per poter risvegliare in questi luoghi, un'attenzione secondo noi mai sopita verso l'arte, sia per provare a vedere se oggi è possibile conquistare all'arte non solo lo spazio per gli specialisti e gli appassionati, ma anche il luogo in cui anche altri pos-

Nari Ward, *Illuminated sanctuary of empty sins,* 2001, installazione permanente, Poggibonsi

sono vivere meglio, o almeno essere messi in contatto con i linguaggi più interessanti che si vanno sperimentando oggi anche in altre parti del mondo.
Abbiamo cominciato questa avventura aiutati e stimolati da Luciano Pistoi, una persona che ci ha insegnato a guardare avanti e a non rassegnarci davanti alle difficoltà evidenti, a interpretare l'arte in questo senso e a cercare questo negli artisti, che sono stati fin dall'inizio i nostri alleati fondamentali.
Un sentito grazie di cuore ad ognuno di loro per la generosità e la pazienza che sempre hanno dimostrato nei confronti del progetto.
Lavorando, in realtà con pochi mezzi e su un terreno piuttosto difficile, abbiamo avuto la fortuna di coinvolgere le amministrazioni locali attraverso il contatto diretto, e quindi anche non avendo avuto a disposizione grandi risorse, siamo riusciti ad avere supporti e collaborazioni personali sia dei sindaci sia dei funzionari che degli operai. In questo modo i progetti sono comunque stati realizzati con ottimi risultati grazie al coinvolgimento personale e questo anche per dire che, sia gli amministratori che gli

impiegati pubblici, come tutti del resto, forse, hanno solo bisogno di essere meglio informati e considerati, piuttosto che usati e incastrati in situazioni improbabili, dalle quali alla fine esce danneggiata solo la possibilità per l'arte del nostro tempo di essere considerata per quello che è.
Il nostro ruolo è essenzialmente quello di mediatori culturali tra i linguaggi che si generano a livello globale nel mondo dell'arte, le comunità locali e il patrimonio artistico di cui queste sono custodi e, nello stesso tempo, di ricercatori insieme ai curatori e agli artisti di un punto d'equilibrio e di rapporto reale tra questi elementi.
Ogni anno scegliamo i curatori del progetto, che sono stati Laura Cherubini nel 1996, Jan Hoet e Giacinto di Pietrantonio nel 1997; Angela Vettese e Florian Matzner nel 1998 e 1999; Jan Hoet ed Elio Grazioli nel 1999; Gilda Williams e Roberto Pinto, nel 2000; Jerome Sans e Pier Luigi Tazzi nel 2001; Alessandra Pace, Jan Hoet e Stijn Huits, nel 2002; e, sempre nel 2002, Emanuela De Cecco e Vicente Todolì; e con loro gli artisti da invitare cercando di tenere conto di come aprire un rapporto tra i due livelli, in questo senso cerchiamo di sostenere un'ottica di sviluppo autocentrato e diciamo che Arte all'Arte è un progetto *glocale*.
Gli artisti sono chiamati a pensare a un opera in relazione a un luogo o a una tematica, uno in ogni città, quindi ad agire in modo sensibile rispetto al contesto, a partire da questo, ad aprire nella comunità locale una discussione sull'opera, quindi non un'invasione o un'imposizione violenta di certi punti di vista, ma un incontro, seguito da dibattiti pubblici e spesso da polemiche. Nei casi più riusciti si riesce a far diventare permanente l'opera dell'artista invitato in città, e questo è accaduto a Colle di Val d'Elsa nel 1997, con Sol Lewitt; nel 1998 con Ilya Kabakov; nel 2000 con Alberto Garutti; nel 2001 con Loris Cecchini; a Poggibonsi con Mimmo Paladino 1998/2000, e con Nari Ward nel 2001; a Casole d'Elsa con Sislej Xhafa nel 2000; a Montalcino con Jannis Kounellis nel 2001. Per l'edizione 2002 è divenuta permanente l'opera di Mario Airò, ma siamo convinti che altre opere di questa edizione si aggiungeranno a breve.
Con Arte all'Arte vogliamo aprire anche una discussione sul possibile ruolo dell'Italia nel panorama internazionale e sul possibile modello che possa specificamente essere sostenuto dal nostro paese in questo momento rispetto ad altre parti del pianeta.
Secondo noi, l'Italia non è riducibile a un paese con pochi Musei d'arte contemporanea, senza Frac o KunstHalle, il nostro paese è il paese delle città d'arte, il luogo in cui l'arte è anche nei posti più piccoli e più sperduti, che ha molti piccoli centri dinamici che fanno sistema ognuno da sé e anche nell'insieme. È da queste semplici riflessioni che nasce l'idea di realizzare simbolicamente il "distretto Artistico-Agroalimentare", nella provincia di Siena a partire dalle città di Casole d'Elsa, Colle di Val d'Elsa, Montalcino, Poggibonsi, San Gimignano e Siena, e il "distretto Artistico Tecnologico Am-

bientale" nell'area che va da Firenze a Vinci, ma allargando il discorso in chiave Europea, in collaborazione con il Museo S.M.A.K. di Gent in Belgio, diretto da Jan Hoet, il Museo Het Domein di Sittard in Olanda, diretto da Stjin Huits, il Palais de Tokyo di Parigi diretto da Nicolas Bourriaud e Jerome Sans, il Museo Arken di Copenhagen.
In definitiva non abbiamo accettato la logica Museo/non Museo, o spazio aperto/spazio chiuso, o solo pubblico o solo privato, abbiamo cercato di modulare le specificità cercando i punti di raccordo e di valorizzazione reciproca, non dimenticando che insistere sulle frizioni o sulla cooperazione è una scelta, e che in certi momenti è prevalsa la frizione e che oggi, specialmente per il ruolo che può avere la Toscana e l'Italia in Europa, bisogna dimostrare che è possibile tenere insieme l'arte con la vita a ripartire da una diversa considerazione della campagna a un superamento della logica di periferizzazione che uccide le differenze e le specificità, creando zone industriali o residenziali non all'altezza delle possibilità che sono aperte oggi, e con questo forse un piacere di vivere indispensabile alla vita stessa.
Questa è, se posso dire, la cosa più importante che l'arte di ogni tempo ha portato con sé e che noi semplicemente cerchiamo di fare in modo, per quello che ci è dato, che possa continuare.

Mario Cristiani
Presidente Associazione Arte Continua

Introduction

This year, thanks to the greater involvement of the Province of Siena and the renewed participation of the city of Siena, the Arte all'Arte Architettura Paesaggio project is moving closer to one of its underlying goals. This is not only because it has been promoted by the Province of Siena, the Palazzo delle Papesse and the Associazione Arte Continua, but also because it reinforces the shared objective of conceiving of art as an agent of our times, as a creator of living places.
In pursuit of this goal, and in addition to the installations in the show, curated by Emanuela De Cecco and Vicente Todoli, we are organizing the first conference of the Arte all'Arte Arte Architettura Paesaggio project. The aim is to begin systematically exploring, from next year, the relationship between artists and architects in relation to the needs and possibilities of the cities involved. Another important project kicking off this year is the realization – as part of the Arte All'Arte Rinascimento Nascimento project – of the entrance piazza to the new Museo Leonardiano in Vinci. Curated by Giacinto Di Pietrantonio and Romano Nanni, it will draw on the ideas of some of the most significant artists of our age.
The Associazione Arte Continua of San Gimignano has conceived of and organized the Arte all'Arte project over the last seven years in collaboration with nine local councils (Casole d'Elsa, Colle di Val d'Elsa, Florence, Montalcino, Poggibonsi, San Gimignano, Siena, Vinci, Volterra), three provincial administrations (Siena, Pisa, Florence) the Regione Toscana, the Flemish Community, the European Union, the Museo Leonardiano in Vinci, the SMAK in Ghent and the Het Domein Museum in Sittard. The association has sought to create a point of contact between the world of international contemporary art and various local Tuscan communities that have a marked artistic tradition, particularly as regards medieval and Renaissance art. The aim has been to develop two main threads, one seeking connections between art, architecture and landscape, the other between art, technology and science.
We feel passionate about art from all ages, and for us the medieval period, the Renaissance and the beautiful Tuscan landscape are not exactly the past. They are not a picture postcard image, but an important part of our lives, of our present, and hopefully of our future as well.
Back in 1990, when Maurizio Rigillo, Lorenzo Fiaschi, myself and other friends decided to set up two parallel bodies, the Associazione Arte Continua and the Galleria Continua, we were thinking in terms of two fundamental aspects that have always coex-

Loris Cecchini, *Sonar - Casa della musica,* 2001, installazione permanente, Colle di Val d'Elsa

isted on the art world scene, at least in Italy. This was despite the fact that we were not in a position to realize what, thanks to so many people's help and collaboration, we are currently managing to achieve. One aspect is a view of art as something that is generative of public city space, which is also accessible to non-specialists and comprises that basic common fabric of experience which in our view creates a sense of belonging, a certain love for a place, not only on the part of native inhabitants, but also those who are passing through or who out of choice or necessity decide to live there. The other, which fuels the first and underpins it, is the passion and critical eye of individuals, which translates into an impulse towards public and private collecting. The challenge has always been to operate right out in the open, clearly delineating the two aspects we wanted to develop and making it increasingly clear to artists, curators and public administrators what is at stake in relation to the demands and concerns of art in Italy and perhaps elsewhere as well.
There can be no doubt that meeting Luciano Pistoi in 1992 gave us the impetus not to

Jannis Kounellis, *Senza titolo,* 2001, installazione permanente, Montalcino

lower our sights, despite the difficulties that immediately arose in relation to the dichotomy between private and public, profit and non-profit, choices carried through on one's own in the gallery and choices shared with others (partners, curators, public administrations) in the association.

I became president of the association in 1995, with the precise aim of affirming that it is unacceptable in our area to experience the art of our times as something belonging to an elementary and easy, if not actually insignificant, level of expression. Together with Maurizio Rigillo and Lorenzo Fiaschi, with whom I share a friendship and the responsibility for the artistic direction of the project, we have sought with determination to build a territorial alliance so as to do what has always been done round these parts, namely to seek out the most interesting artists of the moment and ask them to work both for art and for these communities. This is both in order to rekindle interest in art in the area (which, in our view, has never been extinguished) and to see whether it is possible to open up for art not only a space for specialists and art lovers but also a

Jannis Kounellis, *Senza titolo,* 2001, installazione permanente, Montalcino

space in which other people can live better as well, or at least come into contact with the most interesting artistic languages being experienced in other parts of the world. We began this adventure with the help and stimulus of Luciano Pistoi, who taught us always to look ahead, to interpret art in this sense and to look for this in artists. In fact the artists have been our fundamental allies from the outset. My heartfelt thanks to each of them for the generosity and patience they have always shown towards this project.
Working in small towns and on what is quite difficult terrain, we have had the good fortune to be able to involve local administrations through direct contact. We have enjoyed the personal support and collaboration of mayors, functionaries and workers, and despite limited resources this personal involvement has produced excellent results. This is also a clear indication that administrators and state employees, indeed perhaps everyone, just need to be given greater consideration and to be told more about projects, rather than simply being used or trapped in difficult situations, be-

cause if that happens, the only real loser is contemporary art, which risks not being considered for what it is.
Our role is essentially to be cultural mediators between the artistic languages being generated at a global level, local communities and the artistic heritage of which they are the custodians. At the same time, together with the curators and artists, we are looking for equilibrium and real relations between these elements.
Each year we choose the project curators (Laura Cherubini in 1996; Jan Hoet and Giacinto di Pietrantonio in 1997; Angela Vettese and Florian Matzner in 1998 and 1999; Jan Hoet and Elio Grazioli in 1999; Gilda Williams and Roberto Pinto in 2000; Jerome Sans and Pier Luigi Tazzi in 2001; Alessandra Pace, Jan Hoet and Stijn Huits in 2002; Emanuela De Cecco and Vicente Todoli in 2002) and the artists we want to invite, trying to take account of how to build a relationship between the two levels. We try to sustain a self-development approach, and indeed Arte all'Arte can be described as a glocal project.
The artists are asked to conceive of a work in relation to a place or a theme, one in each town, and to work sensitively within the chosen context. The hope is that in this way it will be possible to open up discussion in the local community, where the work is viewed not as an intrusion or a violent imposition of certain points of view, but as an opportunity for encounter, public debate and perhaps even controversy. In the most successful cases, the work of the artist invited to the town becomes a permanent work. This has happened at Colle di Val d'Elsa with the work of Sol Lewitt (1997), Ilya Kabakov (1998), Alberto Garutti (2001) and Loris Cecchini (2001); at Poggibonsi with Mimmo Paladino (1998–2000) and Nari Ward (2001); at Casole d'Elsa with Sislej Xhafa (2000); at Montalcino with Jannis Kounellis (2001). This year Mario Airò's project has become a permanent work and we are convinced others will soon become so.
With Arte all'Arte we also want to open up discussion about the possible role of Italy on the international scene, and the possible model it can concretely sustain in this period, in comparison with other parts of the planet. In our view, it is reductive simply to say that Italy is a country with very few contemporary art museums and that it has no equivalent of the Frac or Kunsthalle. Italy is a country of art cities, a place where art can also be found in the most tucked-away little places; it has many small dynamic centres which are mini-systems in their own right and in conjunction with others. This basic consideration gave rise to the idea of symbolically creating the "artistic, agrofood district" in the province of Siena, starting with Casole d'Elsa, Colle Val d'Elsa, Montalcino, Poggibonsi, San Gimignano and Siena, and the "artistic, technological, environmental district" in the area between Florence and Vinci. However, we have also developed a European dimension, working together with the SMAK Museum in

Ghent, Belgium, directed by Jan Hoet, the Het Domein Museum in Sittard, Holland, directed by Stjin Huits, the Palais de Tokyo in Paris, directed by Nicolas Bourriaud and Jerome Sans, and the Arken Museum in Copenhagen.
In a word we do not accept the museum/non-museum, open space/closed space, state only/private only rationale. We have tried to modulate specificities, seeking points of connection and reciprocal valorization, but not forgetting that insisting on cooperation and friction is a choice, and that in certain moments friction has dominated; not forgetting either, with a view to the possible role of Tuscany and Italy in Europe, that it is necessary to demonstrate that it is possible for art to remain a part of life, starting with a reconsideration of the countryside and going beyond the logic of peripheralization, which erases differences and specificities, creating industrial or residential zones that do not measure up to what is possible today. And in demonstrating this, perhaps one also attains something of the pleasure of living that is indispensable to life itself. This, if I may say so, is the most important thing that has been transmitted by the art of all ages. We are simply trying, as best we can, to make sure this continues.

Mario Cristiani
President of the Associazione Arte Continua

Project Exhibition - Palazzo delle Papesse

Palazzo delle Papesse - Centro Arte Contemporanea

Parlare di progettualità a proposito dei grandi artisti implica anche un certa libertà interpretativa della parola, non sempre usata nella sua accezione letterale. In alcuni casi, infatti, il progetto racchiude intuizioni che sembrano aver perso la connessione con l'opera realizzata ma che, a uno sguardo più attento, rivelano comunque il legame indissolubile che le unisce al lavoro finito. Attraversando le sale del secondo piano del Palazzo delle Papesse ci troviamo quindi di fronte, non tanto a semplici progetti, ma a vere e proprie installazioni che, ciascuna a suo modo, raccontano l'artista e la sua opera. Miroslaw Balka propone una riflessione sul moto circolare e perpetuo del tempo, sulla staticità delle sue mutazioni e sulla presenza-assenza dell'uomo come attore non protagonista della scena spazio-temporale. L'artista ha esposto al Palazzo delle Papesse la dodicesima parte del suo lavoro, dal titolo *Time Servant*, una pedana rotante sulla quale è posizionata una seggiola di seconda mano e un vaso di alabastro con una pianta di ortica. A chiarire il suo progetto due video ripropongono, attraverso una ripresa dello spazio esterno e interno al muro del carcere di San Gimignano, uno straniamento temporale, che pone virtualmente lo spettatore in un altro luogo dove il tempo è assoluto e lo spazio predefinito: l'ex carcere di San Domenico dove ha realizzato l'installazione. Si instaura quindi una sorta di empatia tra lo spettatore e coloro che hanno in passato occupato quegli spazi, descritti anche attraverso una serie di foto e di foglie appese alla parete della stanza. Con un procedimento simile si muove Lothar Baumgarten. La sua installazione, infatti, cerca di spiegare l'opera realizzata nella Chiesa di San Francesco di Montalcino e, allo stesso tempo, la richiama. Tre immagini in bianco e nero, proiettate in una piccola stanza, propongono, in un' accezione sociologica e antropologica, visioni macroscopiche di dettagli di vita quotidiana (la vetrina di un negozio di alimentari, un muro). Il progetto è inoltre integrato da una campionatura di colori, resa attraverso una serie di cerchi metallici, rimando alla tavolozza rinascimentale. Una percezione altra del reale, una dissolvenza incrociata di passato e presente, non immune da una velata polemica verso il consumismo e i valori della società contemporanea. Tacita Dean, al contrario, interpreta la fase progettuale attraverso alcuni frammenti di memoria del suo primo viaggio in Italia, correlati concettualmente al lavoro presentato per Arte all'Arte. Una teca in vetro contiene il suo quaderno di disegni, aperto su uno schizzo dell'affresco di Giotto, *La morte e l'ascensione di S. Francesco* nella Cappella Bardi in Santa Croce a Firenze, il dorso di un libro e una fotografia in bianco e nero dello stesso dettaglio e un suo articolo del 1996 sul legame tra Giotto e San Francesco. L'affresco già allora colpì la sensibilità dell'artista, poiché Giotto, abbandonata l'iconografia bizantina, dà vita a una delle prime

forme di ritratto proprio con la figura di San Francesco, il primo santo a essere ricordato e raccontato come uomo concreto e terreno. Questo doppio incontro le fece prendere coscienza di quanto la resa del "reale" attraverso il disegno potesse essere fondamentale per il suo lavoro.
Cildo Meireles ha esposto disegni e modelli in ferro preparatori per la lunghissima scala installata all'Orto dei Pecci a Siena, *Viagem au centro do ceu e da terra*, conferendo così grande importanza alla riflessione sulle strategie che regolano i processi produttivi di un lavoro. Lo spettatore, in questo caso, percepisce la maestosità dell'operazione non dalle dimensioni ma attraverso un allestimento che dà vita ad uno spazio totalizzante, dove le scale si sostituiscono ai muri della stanza. Marisa Merz ha proposto un intervento intimo e visionario. Nella grande sala d'ingresso al secondo piano del Palazzo ha inserito una piccola foto di forma quadrata della porta dell'antica cisterna di Colle Val d'Elsa. Sia per il progetto che per l'opera lo spazio è di grande impatto e fortemente caratterizzato, mentre l'intervento dell'artista è, in entrambi i casi, minimale e "nascosto". Un progetto-opera, quindi, di difficile accesso che, più che raccontare la fase preparatoria, suggerisce le caratteristiche concettuali del lavoro. E la piccola foto diviene simbolo: una porta chiusa inalterata nel tempo allude all'accesso e al contempo lo nega. Con *120 giornate* Damián Ortega espone contemporaneamente disegni preparatori per la lavorazione delle bottiglie-corpo accanto a delle sezioni di bottiglie di Coca Cola. I piccoli schizzi, pagine del suo taccuino di disegni, propongono idee per la metamorfosi delle bottiglie verso forme e significati "altri" coerentemente con la sua idea di gioco, di ironia e di decostruzione di concetti ormai universalmente consolidati. Allestiti su una parete in maniera casuale e asimmetrica, ripropongono visivamente il concetto di appunto e di schizzo, contrapponendosi alla visione più ordinata delle sezioni di bottiglie su una mensola retro illuminata. Damián Ortega mostra, qui, le prime due fasi del processo evolutivo della sua opera. La prima vede la nascita dell'idea, la seconda illustra il processo decostruttivo compiuto sull'oggetto. Il cerchio si chiude con l'installazione a Poggibonsi, dove l'idea si fonde con l'oggetto d'origine per dar vita all'opera d'arte. Il Palazzo delle Papesse ha ospitato, inoltre, l'esposizione dei progetti per il concorso rivolto ai giovani artisti italiani indetto dal Comune di San Gimignano in collaborazione con l'associazione Arte Continua, per modificare l'atrio del Teatro dei Leggieri. Il concorso vinto da Mario Airò in collaborazione con il fotografo Attilio Maranzano ha visto anche la partecipazione di Sergia Avveduti, Massimo Bartolini, Margertita Morgantin e Italo Zuffi. Il progetto di Mario Airò ricrea, con una piccola tenda di velluto azzurro, l'accesso ad una sala teatrale e vi proietta foto di altri teatri dell'area toscana realizzando quindi, con l'opera finita, quello che i promotori hanno indicato come fine ultimo del concorso: l'ampliamento in termini percettivi dello spazio del foyer.

Michela Bracciali

Palazzo delle Papesse - Contemporary Art Centre

In talking about projects regarding great artists a certain freedom of interpretation of the word is also involved, and it is not always used with its literal meaning. In some cases, in fact, the project contains intuitions whose connections with the realized work seem to have been lost, but which on closer examination nonetheless reveal the indissoluble tie linking them to the finished work. Walking through the rooms on the second floor of the Palazzo delle Papesse we find ourselves face to face not so much with simple projects, but with full-blown installations, which each in their own way tell us about the artist and his or her work. Miroslaw Balka offers a reflection on the circular and perpetual motion of time, on the static nature of its mutations and on the presence-absence of man as a minor actor on the spatial-temporal scene. At the Palazzo delle Papesse Balka exhibited the twelfth part of his work entitled Time Servant, a rotating platform on top of which there is a second-hand chair and an alabaster vase with a nettle plant in it. Clarification of his project is provided by two videos, which film the space both outside and inside the walls of the San Gimignano prison. This creates an effect of temporal alienation, in a virtual sense placing the spectator in another place where time is absolute and the space is predefined – the former prison of San Domenico where he produced his installation. A form of empathy is thus established between the spectator and those who occupied these spaces in the past, depicted also by a series of photos and leaves attached to the walls of the room.
Lothar Baumgarten adopts a similar procedure. His installation seeks to explain but at the same time to recall his work in the church of San Francesco in Montalcino. Three black and white images projected in a small room offer, in a sociological and anthropological framework, macroscopic views of details of everyday life (the window of a food shop, a wall). The project also includes a colour sample – rendered through a series of metallic circles –, a reference to the Renaissance palette. Another perception of the real, a fade-out fade-in of past and present, not untouched by a veiled polemic towards consumerism and the values of contemporary society.
By contrast, Tacita Dean interprets the project stage through several fragments that recall her first trip to Italy, conceptually correlated to her work for Arte all'Arte. A glass case contains her sketchbook, open at a sketch of Giotto's fresco, *The Death and Ascension of St Francis*, in the Bardi Chapel in Santa Croce in Florence; the spine of a book; a black and white photo of the same detail; and a 1996 article she wrote on the tie between Giotto and St Francis. The fresco had already made an impact on Dean, because Giotto, having abandoned Byzantine iconography, gave life to one of the first forms of portraiture with his

depiction of St Francis, the first saint to be remembered and described as a concrete, earthly figure. This double encounter made her aware of how the rendering of the "real" through drawing might be fundamental to her work.
Cildo Meireles exhibited preparatory drawings and iron models for the long ladder, *Viagem au centro do ceu e da terra*, installed in the Orto dei Pecci in Siena, giving great importance to reflection on the strategies regulating the productive processes of a work. In this case, the spectator perceives the grandness of the operation, not from the dimensions but because the walls of the room are substituted by ladders, creating a totalizing space.
Marisa Merz made an intimate, visionary contribution. In the large entrance hall on the second floor of the Palazzo, she positioned a small square photo of the door of the ancient cistern of Colle Val d'Elsa. The space has a great impact and is strongly characterized in both the project and the work, while the artist's intervention is in both cases minimal and "hidden". A project–work, then, access to which is difficult. It does not so much recount the preparatory phase as suggest the conceptual characteristics of the work. The small photo thus becomes a symbol – a closed door unaltered over time alludes to access yet at the same time denies it.
With *120 giornate*, Damián Ortega shows preparatory drawings for the working of the body-bottles alongside sections of Coca Cola bottles. The small sketches, pages from his notebook, propose ideas for the metamorphosis of the bottles into "other" forms and meanings; these are in line with his playful, ironic approach and his deconstruction of what are now universally consolidated concepts. Arranged on a wall in a casual and asymmetrical fashion, they visually evoke the sensation of notes and sketches, counterbalancing the more orderly view of the sections of bottles on a back-lit shelf. Here Ortega shows the first two phases in the evolution of his work. The first reveals the birth of the idea, the second illustrates the deconstruction of the object. The circle closes with the installation at Poggibonsi, where the idea fuses into the original object to give life to the work of art.
Also on display at the Palazzo delle Papesse are the projects for the competition aimed at young Italian artists and organized by the town council of San Gimignano and the Associazione Arte Continua. The competition called for projects to modify the foyer of the Teatro dei Leggieri, and was won by Mario Airò working in collaboration with the photographer Attilio Maranzano. Sergia Avveduti, Massimo Bartolini, Margertita Morgantin and Italo Zuffi also participated. Airò's project recreates, with a small, blue velvet tent, the entrance to a theatre auditorium and projects photos of other Tuscan theatres. His final work realized what the promoters had indicated as the main objective of the competition, namely to amplify the foyer space in perceptual terms

Michela Bracciali

Miroslaw Balka

"Non c'è Drupi qui. Né Michelangelo"

Un cortile vuoto con un pozzo al centro

Una via di fuga è saltarci dentro. Raggiungere l'acqua, giù in basso
Oppure saltare oltre le sbarre e poi di là dal muro
Non facile, neanche per un buon saltatore

Il muro tiene il cielo come una cornice. Un cielo azzurrissimo
Le sbarre bla, bla, ... un'altra storia

Con le foto è più facile
fotografare
- il cielo azzurro
- l'orologio
- dodici sedute
- l'Ultima cena
- e poi... un altro bla bla

No – non è questa la strada per arrivare al cuore

vai là e siediti
la pedana gira, lentamente
avrai l'ortica vicina alla schiena

e come consolazione sappi che un giro completo dura esattamente un minuto

né più, né meno

M. B.

ø100x44 time servant, 2002

Miroslaw Balka

"No Drupi here. No Michelangelo."

An empty courtyard with the well on the middle

One way of escape is to jump in. To reach the underground water
Another way is to jump above the bars and then above the wall
Not easy even from the perspective of the high jumper

The wall like the frame holds the sky. Very blue sky.
The bars bla, bla,... another story

Easier by photos.
Of:
- the blue sky
- the clock
- twelve seats
- the Last Supper
- the... another bla, bla...

No – this is not the path to get to the heart.

Just go there and take a seat.
The seat will be turning around, slowly
The nettle will be close to your back

And just for your comfort – you should know that one of your turn is exactly one minute.

No more no less

M. B.

Progetto per/project for: *12x(ø100x44) / time servants,* 2002

Lothar Baumgarten

Il mio lavoro non è questione di strategia o di modo di pensare. Si basa piuttosto su principi guidati dall'intuizione. Gli strumenti del mio pensiero sono la misura e la proporzione e fondamentali per la mia pratica artistica sono una grammatica che riflette i rapporti spaziali elementari e una coscienza razionale del tempismo e dell'enfasi. Si tratta delle qualità sensuali insite nel corpo dello spazio, la loro materializzazione e la loro forma. Le mie opere non sono installazioni, non sono concettuali: è arte che non ignora il suo contesto architettonico. L'opera prende forma integrando strutture date in un insieme complesso e creando un canone di riferimenti tra elementi individuali e circonstanziali. È un processo dialettico dove un discorso critico con la cultura contemporanea svela al suo interno una struttura architettonica. Il contenuto diventa forma. Il mio approccio critico-culturale non vuole proporre soluzioni autobiografiche a problemi universali. Credo che l'arte debba incorraggiarci a interrogarci sullo *status quo* e sulle strutture che ne consentono il perdurare.

LB

Ecce homo, 2002

Lothar Baumgarten

My work is not a question of strategy or a mode of opinion. Rather it is based on principles, guided by intuition. Measurement and propotion are the instruments of my thought, and a grammar which reflects elementary spatial relationships and a rational sense of timing and emphasis are fundamental to my artistic practice. It is about the sensual qualities embedded in the body of space, its materialization and form. My work is not about installation, it is not conceptual ; it is art that does not ignore its architectural context. The work takes material form by integrating given structures into a complex whole and by creating a canon of references among individual, site-specific elements. This dynamic is a dialectic in which a critical discourse with contemporary culture unfolds whithin an architectural framework. The content becomes the form. My culture critical approach does not intend to offer autobiographical solutions to universal problems. I believe art should encourage us to question the *status quo* and the structures that allow it to persist.

LB

Ecce homo, 2002

Tacita Dean

Avevo già incontrato Mario tre volte prima di quest'estate a San Gimignano. La prima volta era stata a Bologna, lo avevo visto, osservato, e alla fine, dopo cena, mi ero avvicinata e gli avevo detto che era identico a mio padre. Mi aveva baciato la mano e se ne era andato. Dopo questo incontro ho perseguitato la fotografa ufficiale del museo per avere una sua foto; mi ha promesso che me l'avrebbe mandata, ma poi non l'ha fatto. Volevo affiancare le immagini dei due uomini per documentare la somiglianza a riprova della mia obiettività. L'ho rivisto a Parigi, mi sono imbattuta con lui e Marisa che facevano colazione in Place des Vosges. E poi ancora alla Biennale di Venezia dove ho tentato spudoratamente di fotografarlo con una macchina in prestito prima che si scaricasse la pila e tornasse il legittimo proprietario. Per questo a San Gimignano, quando sono entrata in quel giardino e ho visto Mario a capotavola che pranzava sotto gli alberi, ho sentito l'impulso irrefrenabile di riprendere a scrutarlo. Quando sono tornata la volta seguente ho portato con me la cinepresa. Per una settimana mi hanno accompagnata in giro alla ricerca di un soggetto per il mio progetto, ma non sono giunta a niente. E ogni sera cenavamo tutti insieme intorno al tavolo, sotto gli alberi, e potevo osservare il mio vero – e apparentemente irraggiungibile – oggetto del desiderio. L'ultimo giorno non avevo scelta, dovevo provarci. Dopo un gelato cioccolato e frutti di bosco gli ho detto: "Mario posso girare?" "Va bene" ha risposto "Ma senza parlare". Così quel pomeriggio in giardino, al tavolo sotto gli alberi, abbiamo girato il film. Mario ha raccolto una grossa pigna e se l'è messa in grembo. Mentre Mario chiacchierava il sole andava e veniva a scatti con estemporanei e maldestri effetti di luce e ombra, dalla piazza principale arrivava il rintocco funebre delle campane, le cicale frinivano interrompendosi e riprendendo a loro piacimento e i corvi volavano avanti e indietro dal tetto. Ha cambiato varie sedie e postazioni nel giardino, e sono riuscita a girare quattro bobine prima che il sole fosse offuscato da nubi minacciose e scoppiasse il temporale. Ma è successo dell'altro. All'improvviso non riconoscevo più i lineamenti di mio padre nel volto di Mario, né nei movimenti delle mani o nel modo di camminare a piccoli passi. Sembrava che l'origine stessa del mio desiderio si fosse autodistrutta e che girando il film mi fossi purificata dalla mia soggettività. Alla fine Mario Merz era diventato per me Mario Merz. Era come se l'ingannevole somiglianza con mio padre non fosse stata altro che il mezzo per farmi girare un film di Mario in giardino quel pomeriggio a San Gimignano. E la somiglianza impressionante e inquietante con mio padre ormai riuscivo a malapena a vederla.

T. D.

Verification of the stigmata (*First sketchbook*, 1983), 2002

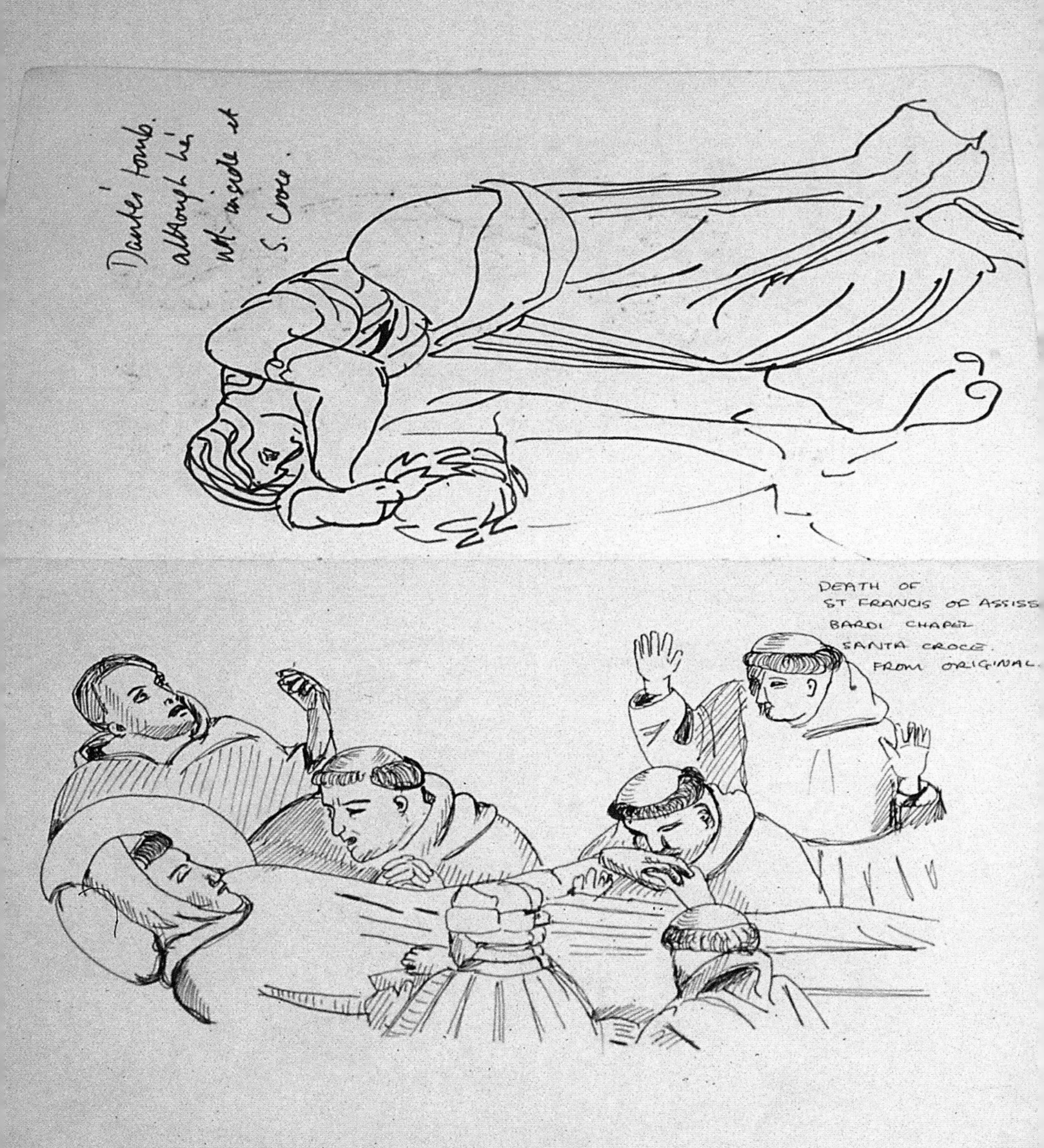
Dante's tomb.
although he's
not inside it
S. Croce.
DEATH OF
ST FRANCIS OF ASSISI
BARDI CHAPEL
SANTA CROCE.
FROM ORIGINAL.

Tacita Dean

I had already met Mario three times before we met this summer in San Gimignano. The first time was in Bologna. I saw him, watched him, and eventually, after dinner, went up to him and told him he looked exactly like my father. He kissed my hand and walked off. After that, I hounded the official museum photographer for a photograph of him, which she said she would send me, but never did. I wanted to put images of the two men side by side to document the likeness as proof of my objectivity.
I met him again in Paris, and chanced across him and Marisa having breakfast in Place des Vosges. Then once again at the Venice Biennale, where I shamelessly tried to take the photograph on a borrowed camera, before the battery ran out and the camera was taken off me. So when I walked into that garden in San Gimignano, and saw Mario at the head of the table under the trees having lunch, I was immediately compelled to re-establish my vigil.
On my next visit, I brought with me my film camera. For a week, I was driven around in search of a subject for my project there, but could find nothing. And every evening, we would have dinner together around the table under the trees and I would quietly observe my true but apparently impossible object of desire. On my last day, I had no choice but to ask. After chocolate and frutti di bosco ice cream, I said, 'Mario, can I film you?' 'Yes', he answered, 'But no speaking'.
So that afternoon in the garden with the table under the trees, we made a film. Mario picked up a large pinecone and cupped it in his lap. The sun went in and out with the impromptu speed of an ungainly fade. Funeral bells began tolling in the main square; cicada stopped and started under their own command, and crows flew to and from the roof, while Mario chatted away. He sat on various chairs in different places in the garden, and I took four reels of film before the sun gave into the rain clouds and a thunderstorm began. Something else happened. Suddenly, I could no longer see my father's features in Mario's face, nor in the movement of his hands, or the small steps he took when he walked. It seemed as if the genesis of my desire had burnt itself out, and the making of the film had purged me of my subjectivity. Mario Merz had at last become Mario Merz to me. It was as if their beguiling similarity had been but the means to beget myself a film of Mario in the garden that afternoon in San Gimignano. And as for the striking, destabilising likeness to my father, I can barely see it anymore.

T. D.

Verification of the stigmata (Newspaper article, 1996; *Photograph*, 1983; *Found book*, 2002), 2002

The Guardian Tuesday January 9 1996 9

Arts

A brush with genius: 26

Tacita Dean on Giotto's St Francis

I WAS 17 and standing in the Bardi Chapel of Santa Croce in Florence. I was on my first pilgrimage, and had sought out and found Giotto's frescos on the life of St Francis. My quest over, I was feeling my first heady taste of "delight in the finding".

No one is ever sure why people become what they do, but I know the intensity of my few days with those images was not coincidental to my becoming an artist. I was infatuated with the seemingly simple but dedicated lives of young Franciscan friars I knew, and had studied the life of St Francis intimately, so I could read Giotto's storyboarding of the events with understanding. I was also just starting to draw.

St Francis was a passionate man: the human face of sainthood, an ordinary man bearing the wounds of God, a man who rolled naked in the snow to temper his lust. Giotto was a passionate painter who made his figures more human. I have chosen St Francis Receiving The Stigmata because it depicts an early demonstration of the spiritual made physical, and because I drew it, carefully and with much pride, in my first sketchbook.

Giotto's Verification Of The Stigmata from his Scenes From The Legend of St Francis in the Bardi Chapel, Santa Croce, Florence. Tacita Dean's work is part of The British Art Show at Upper Campfield Market, Manchester (0161-839 4444) until February 4.

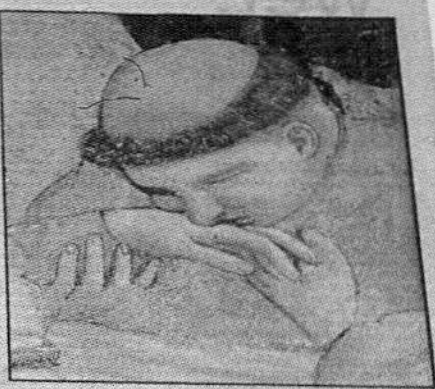

A detail from Giotto's Verification Of The Stigmata

Cildo Meireles

Il lavoro consiste in due scale uguali:
una che sale fino a perdersi nel cielo,
l'altra che scende fino a perdersi nella terra.
È il tentativo della percezione, più che di questo luogo, di questo istante. Come se si potesse ottenere questa percezione a partire dall'incrocio fra questo luogo (Toscana - Siena) e un oggetto grande.
Il progetto, che all'inizio aveva l'imperfezione che hanno quasi tutti i sogni (sono irrealizzabili) si materializza, finalmente, come scultura: scala, antenna, torre... sguardo sul tempo.

C. M.

Progetto per/project for: *Viagem ao centro do ceu e da terra*, 2002

Cildo Meireles

The work consists of two identical ladders:
one rises until it disappears into the sky,
the other descends until it disappears into the earth.
It is an attempt to perceive not so much this place but this instant.
As if one could obtain this perception starting from the coming together of this place (Tuscany – Siena) and a large object.
The project, which initially had the imperfection of most dreams (they are unrealizable), has finally materialized as sculpture: ladder, antenna, tower… view of time.

C. M.

Progetto per/project for: *Viagem ao centro do ceu e da terra*, 2002

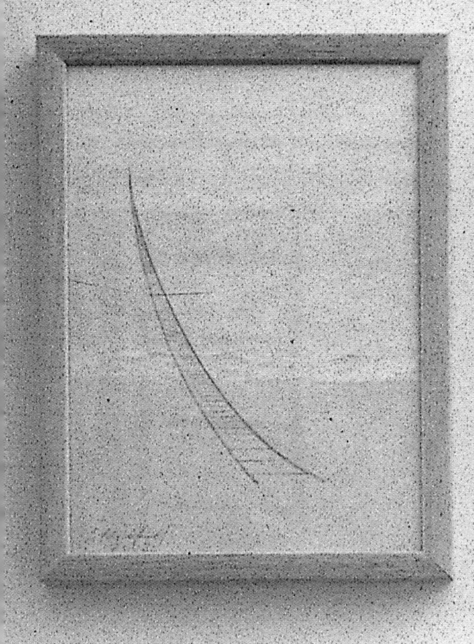

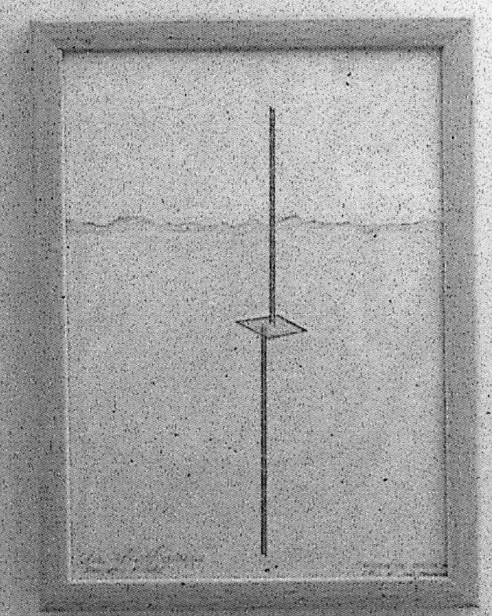

"VIAGEM AO CENTRO DO CEU E
DA TERRA"

O TRABALHO CONSISTE EM 2 (DUAS)
ESCADAS IGUAIS:
UMA QUE SOBE ATÉ PERDER-SE NO CEU.
OUTRA QUE DESCE ATÉ PERDER-SE NA TERRA.
É A TENTATIVA DE PERCEPÇÃO, MAIS QUE
ESSE LUGAR, ESSE INSTANTE. COMO
SE PUDESSE OBTER ESSA PERCEPÇÃO A
PARTIR DO CRUZAMENTO ENTRE ESSE
LUGAR (SIENA) E UM OBJETO GRANDE.
O PROJETO, QUE NO INÍCIO TINHA A IM-
PERFEIÇÃO QUE QUASE TODOS OS SO-
NHOS TÊM (SÃO IRREALIZÁVEIS) MA-
TERIALIZA-SE, FINALMENTE, COMO
ESCULTURA: ESCADA, ANTENA, TORRE.
LANCE DE OLHOS SOBRE O TEMPO.

Marisa Merz

Progetto per/project for: *Senza titolo*, 2002

Damián Ortega

Il progetto consiste nell'alterazione di centoventi bottiglie di Coca Cola, trasformate una ad una nel laboratorio di modellatura del cristallo 'Vilca' di Colle di Val d'Elsa, in Toscana.
La scelta della bottiglia risponde, a parte la familiarità e l'omogeneità che si ha con la sua forma in tutto il mondo, al fatto che implica una serie di postulati di marketing come un prodotto che reca fiducia per la sua stabilità, igiene, continuità, distribuzione, etc.
Un altro aspetto d'interesse sta anche nella tradizionale associazione tra la forma della bottiglia e il corpo femminile.

Il processo di deformazione attuato in maniera artigianale su ogni bottiglia conferisce a queste un carattere di irregolarità e soggettività.
Un aspetto fondamentale del lavoro è stato che gli artigiani hanno potuto improvvisare e portare delle soluzioni a ogni bottiglia, grazie alla loro esperienza, abilità e conoscenza del materiale.
Mi interessa la relazione che la bottiglia può implicare fra corpo umano e oggetto industriale e la manipolazione artigianale il cui processo tecnico può ricordare una tortura o un perversione. Il trattamento brutale esercitato su una forma conosciuta o il glorificare un oggetto di uso quotidiano è un esercizio mirato a pervertire e decostruire la forma, la funzione, il materiale, il valore e il contenuto della bottiglia.

La quantità esposta fa riferimento al romanzo *Le 120 giornate di Sodoma* del Marchese De Sade e al film di Pasolini *Salò e le 120 giornate di Sodoma*. Il totale di bottiglie è diviso in 10 e 12 gruppi nei quali viene trasformata la stessa parte della bottiglia: bocca, collo, torso, "pancia" (voluttuosità), pelle (piercing, tatuaggi, malattie), organi (contenuto), unioni (sesso, orge), armi (visione politica), cosmogonia (concezione dell'universo), religione (pubblicità).

D. O.

Progetto per/project for: *120 giornate*, 2002

Damián Ortega

The project consists in altering and deconstructing 120 Coca Cola bottles, transforming the bottles one by one in the crystal workshop of "Vilca" in Colle di Val d'Elsa, Tuscany.

The choice of the bottle stems not only from the familiarity and homogeneity the object has in the world, but also from the fact that it implies a series of merchandising statements like trust, stability, hygiene, distribution, etc. I am also interested in the common association between the bottle and the female body.

The craft process that deforms each and every bottle gives them a corporeal and subjective irregularity. It is very important that the artisans are able to improvise and offer solutions for each piece, taking advantage of their experience, ability and knowledge of the material.

In another sense, I am interested in the relations implied by the bottle between a human body, a mass body and manual craft manipulation. The technical domination of the body recalls torture or bodily perversions. The brutal treatment of a well-known form or the glorification of a common everyday object is an exercise in perverting or deconstructing the form, the function, the material, the value and the content of the bottle.

The 120 bottles make reference to the Marquis de Sade's novel *The 120 Days of Sodom* or to Pasolini's *Salò*. They are divided into 10 or 12 different groups that transform a different part of the bottle: mouth (opening), neck, trunk (voluptuousness), skin (piercing, tattoos, diseases), organs (content), unions (sex, orgies), monsters (accidents and protuberances), war shields (political vision), cosmogony (conception of universe), religion (publicity, merchandising).

D. O.

Progetto per/project for: *120 giornate*, 2002

Cola
Coca-Cola
Coca-Cola
Cola
Coca-Cola

Opere - Works

Arte all'Arte 7

Arte all'Arte è giunta alla sua settima edizione e, come ogni anno, si svolge in spazi particolarissimi, spazi che spesso hanno vissuto una vita precedente ospitando le più svariate attività di cui conservano le tracce, spazi di fatto non predisposti per accogliere l'arte contemporanea ma di volta in volta riadattati a seconda dei progetti degli artisti e delle possibilità concrete.
Come testimoniano molte foto presenti in questo catalogo, l'apertura della mostra è in realtà il risultato di un lungo percorso di preparazione, un percorso complesso denso di ascolto e di mediazione dove entra in campo un numero di variabili molto più alto rispetto alla maggior parte di mostre allestite in un qualunque spazio espositivo deputato.
Ogni decisione va verificata alla luce di una sorta di test di realtà molto concreto: il progetto di un artista noto in tutto il mondo può essere sostenuto o contrastato dal punto di vista di un parroco di un piccolo paese, in alcuni casi conta di più avere il polso della situazione di fatto piuttosto che far valere possibili legittimazioni intellettuali.
Credo che ciò che rende questa esperienza significativa consista nel dare corpo una volta all'anno ad una piccola e concentrata utopia concreta attraverso la quale l'arte ritrova una possibilità di dialogo effettivo – prima ancora che con il pubblico – con le diverse realtà che la ospitano.
Se il modo in cui l'arte viene veicolata e comunicata al pubblico è da sempre uno degli interrogativi centrali attorno ai quali sono chiamati continuamente a interrogarsi tutti coloro che operano attorno all'arte, oggi tale questione si pone in modo ancora più urgente.
I musei si trasformano, le logiche dell'intrattenimento acquisiscono un peso che un tempo non avevano nella programmazione, la cultura deve anche divertire. L'arte, se intende mantenere un sorta di autonomia in questo processo, deve mantenere vivo il confronto con la realtà rinunciando ad arroccarsi in posizioni pseudo aristocratiche. L'ipotesi più interessante è che sia possibile configurare una sorta di terza via capace di comunicare senza snaturarsi, senza cedere a ricatti sempre più pressanti di carattere populista. In questo quadro, Arte all'Arte è un'esperienza dove tali interrogativi si trasformano in azione, e dalla quale ogni anno si cerca di offrire una panoramica di possibili tentativi concreti di risposta.
Oltretutto la fiducia nella dimensione del fare invalida alcune tra le più diffuse lamentele su questioni legate alla difficile sopravvivenza dell'arte contemporanea in un Pae-

se incredibilmente ancora così spaventato dalla produzione artistica non ascrivibile – per ragioni anagrafiche – al patrimonio dei beni culturali. A fronte di più di un sindaco disposto a dialogare direttamente e a confrontarsi con il progetto di un artista appare inoltre ancora più forte l'immobilismo delle grandi città dove la burocrazia e lo stratificarsi di promesse mancate neutralizzano quintali di energie.

In questo contesto la risposta nasce proprio nel corso del percorso di preparazione della mostra, e prende forma attraverso la rete di relazioni – costruita negli anni ma ogni anno riveduta e approfondita – che nasce tra le amministrazioni locali, i responsabili dei luoghi dove di volta in volta vengono allestiti i lavori, gli artisti stessi, i curatori, gli organizzatori, gli artigiani e i tecnici. Già in questa fase ci si confronta infatti con la vita del territorio, con le disponibilità concrete, i timori e le forme di resistenza, già in fase di progettazione esiste una sorta di pubblico di prima fascia al quale è richiesto un coinvolgimento che si trasforma in una responsabilità precisa che può essere di vitale importanza rispetto alla realizzazione di uno specifico intervento o alla necessità di cambiare strada e ripartire in un'altra direzione.

Prima ancora che il pubblico dei visitatori veri e propri, il lavoro di tutti deve passare questa sorta di prima verifica sul campo che forse è in assoluto una delle fasi più interessati proprio in relazione a quel bisogno di test di realtà a cui accennavo in precedenza.

Va detto che nei giorni di apertura di questa settima edizione di Arte all'Arte, forse uno dei momenti più intensi è stato quando il responsabile dell'associazione che gestisce l'Orto dei Pecci a Siena (associazione che si occupa del reinserimento di persone con problemi di disagio psichico) ha parlato del lavoro di Cildo Meireles sottolineando le relazioni e l'importanza che questa presenza ha in un contesto con una storia così delicata e diversa da tutto ciò che costituisce la vetrina più nota di una città così frequentata dai turisti come Siena.

Quando i primi a trovare le ragioni per il dialogo con i lavori d'arte sono coloro i quali materialmente con esso si troveranno a convivere nel periodo di durata della mostra, credo si possa dire superato il test di realtà a cui facevo accenno in precedenza e diventa concreta la possibilità che tale presenza inconsueta entri a fare parte a tutti gli effetti della realtà di questo luogo.

Non credo che su questo versante esistano delle soluzioni facili, tantomeno che sia possibile adottare una procedura valida per ogni situazione. Spesso la presenza di elementi di discordia, o meglio di non completa adattabilità sia non solo fisiologica ma addirittura sana, a volte conferma di una forma di sottile resistenza da parte del lavoro stesso a soddisfare una richiesta specifica. Diffido di chi auspica un'integrazione totale dell'arte con il contesto sociale, penso che sia una visione scappatoia, conciliante

in apparenza, di fatto sterile sia per l'artista che per il pubblico. Felix Gonzales Torres in una conferenza tenuta al The Drawing Center a New York una decina di anni fa, parlava a proposito delle possibilità da parte degli artisti di ritrovare spazi di azione all'interno della logica dominante che privilegia la divisione del lavoro culturale, in altre parole l'esatto contrario della consapevolezza richiesta dall'agire in territori non protetti. All'interno di un discorso più ampio rivolto agli artisti circa le relazioni tra l'arte e gli enti pubblici di finanziamento, Gonzales Torres esortava a non dare spazio alle istruzioni per l'uso e a riappropriarsi dei propri bisogni. Con ciò intendo dire che tra il trasformare il proprio fare arte in servizio e la provocazione autoreferenziale esiste un terreno intermedio in cui valgono entrambe le posizioni. E senza dubbio è proprio dalla pratica di questo terreno intermedio che oggi possiamo acquisire delle ragioni significative per continuare a lavorare.
È sulla scia di queste riflessioni che ha preso forma il progetto di quest'anno, i percorsi degli artisti presenti condividono questo punto e credo che i progetti realizzati in questa occasione ne diano evidente conferma. Non c'è intenzionalmente spazio per interventi esplicitamente mirati a coinvolgere il pubblico sotto il segno del gioco; i lavori in mostra cercano una relazione sottile con gli spazi, che in alcuni casi tiene conto o nasce direttamente dalla relazione con i luoghi e la loro conformazione fisica, in altri riflette un'attitudine più problematica come d'altra parte è problematica la relazione che viviamo oggi rispetto alla nostra stessa presenza in un luogo ed è sintomo di una questione più ampia che vede tutti sospesi tra il desiderio di radicamento e il desiderio (avendone la possibilità) di essere/andare altrove.
Non credo che sia un caso che la riflessione sul tempo sia presente nel lavoro di più di un artista. Penso al tempo sempre uguale scandito dalle pedane con seduta di Balka negli spazi dell'ex carcere di San Gimigano, al tempo della pausa e della vita quotidiana che credo sia il vero sottotesto del film *Mario Merz* di Tacita Dean proiettato nel piccolo cinema del circolo di Mensano.
In tempi di corsa frenetica verso obiettivi sempre meno chiari il filo rosso che emerge da più contributi consiste nell'esigenza di un ripensamento, nel relazionarsi con il pubblico senza voler stupire ma privilegiando la dimensione dell'ascolto, non avere paura di compiere un passo verso il buio e la profondità (Marisa Merz, Cildo Meireles, Miroslaw Balka), accogliere e valorizzare le differenze (Damián Ortega), guardare il territorio più che consumarlo (Baumgarten) considerare le tracce dell'esistente, come nei disegni di Tacita Dean dove i profili delle mappe seguono le venature dell'alabastro stesso...

Emanuela De Cecco

Arte all'Arte 7

The 7th Arte all'Arte is being held, as always, in some highly unusual spaces, which have often had a different life in the past and been used for a wide range of functions, traces of which still remain. These spaces were not specifically designed to house contemporary art but have been readapted according to the artists' projects or to the concrete possibilities of doing so.
As many of the photos in this catalogue illustrate, the opening of the show is the result of a long period of preparation, a complex process involving a great deal of mediation and listening to others, and with many more variables than most shows mounted in any purpose-built exhibition space.
Every decision must be verified with a kind of highly concrete reality test, one in which the project of an artist known throughout the world may be supported or contested by a parish priest in a small town. And in some cases it is more important to really have one's finger on the pulse than to impose what may be perfectly legitimate intellectual considerations. I believe that what makes this experience so significant is that it gives shape once a year to a small, concentrated, concrete utopia through which art rediscovers the possibility of real interaction – prior even to the one established with the public – with the various contexts hosting it.
The way in which art is conveyed and communicated to the general public has always been one of the key issues that everyone in the art world is constantly having to consider, but today this issue is more pressing than ever. Museums are being transformed and the entertainment rationale is acquiring a weight in programming it did not used to possess. Culture must also be fun. If art wishes to maintain a certain autonomy in this process, it must continue to interact with the outside world and not barricade itself in pseudo-aristocratic positions. The most interesting hypothesis is that it is possible to develop a kind of third way where art is capable of communicating without distorting its nature and without giving in to increasingly pressing forms of populist blackmail. Arte all'Arte is an event where these questions are transformed into action, and where an attempt is made each year to offer a range of concrete responses.
Faith in such a creative dimension invalidates some of the most widespread complaints regarding the difficulty for contemporary art to survive in a country that incredibly still seems to be frightened by any form of artistic production that cannot be ascribed – for reasons of age – to the cultural heritage. Although some mayors are willing to interact with and accept artists' projects, there is a strong immobility in the ma-

jor cities, where bureaucracy and layers of unfulfilled promises neutralize masses of energy.
In this context, it is precisely in the course of the preparatory period leading up to the show that the response develops, taking shape through a series of relations – built up over the years but reconsidered and explored further each year – between local administrations, the people in charge of the places where the works are installed, the artists themselves, the curators and organizers, the craftspeople and technicians. Already in this phase there is a form of interaction with local life, where one meets with a concrete willingness to help or comes up against fears and forms of resistance. In this planning phase there is a kind of first level public whose involvement is being requested; this then becomes a precise responsibility which may be essential to the realization of a specific work or for recognizing the need to change direction.
Before being seen by the general public, everyone's work must pass this kind of initial field test, which is perhaps one of the most interesting phases of all, precisely because of that need for a reality test that I hinted at earlier.
Perhaps one of the most telling moments in the days when the 7th Arte all'Arte show was opening was when the head of the association that runs the Orto dei Pecci in Siena (an association that works to reintegrate people with psychological difficulties into the community) spoke about the work of Cildo Meireles, stressing the relationship with and the importance of this work in a context with such a delicate history, so unlike everything that makes up the more well-known showcase of a city like Siena, visited as it is by so many tourists. When the first people to respond to works of art are those who actually coexist with them during the show, I believe one can safely say that the reality test has been passed, and that there is a concrete possibility that this unusual presence will become part of the reality of this place.
I do not think there are any easy solutions in this respect, nor that it is possible to adopt a procedure applicable to every situation. Often areas of disagreement, or rather of a certain non-adaptability, is not only normal but actually healthy, and is often confirmation of a form of subtle resistance on the part of the work itself to satisfying a specific request. I am mistrustful of those who would welcome a total integration of art with the social context. I believe it is an expedient view, conciliatory in appearance but sterile in practice for the artist and the general public alike. In a lecture given at The Drawing Center in New York about ten years ago, Felix Gonzales Torres spoke about the possibility for artists to rediscover fields of action within a dominant rationale that encourages the division of cultural activity, in other words the exact opposite of the awareness demanded by working in unsafe areas. Within a broader discussion directed towards artists and dealing with the relations between art and public

financing bodies, Gonzales Torres urged his listeners to disregard instruction manuals and to reappropriate their own needs. What I mean by this is that there is a middle ground between transforming one's art into service and self-referential provocation, a space where both positions have validity. And there is no doubt that it is by operating on this intermediate ground that today we can find significant reasons to continue working.

This year's project took shape in the wake of these considerations; the paths adopted by the artists have this point in common, and I believe the results are clear confirmation of this. No space is given, at least not intentionally, to work explicitly aimed at involving the public in a playful way; the works in the exhibition seek a subtle interaction with the space, in some cases taking account of or stemming directly from the relation with the places and their physical layout, in others reflecting a more problematic attitude, just as our experience today of our very presence in a place is also problematic, symptom of a broader issue in which everyone is suspended between the desire for roots and the desire (if the possibility exists) to be/go elsewhere.

I do not believe it is any coincidence that the work of more than one artist should contain a reflection on time. I am thinking of the unvarying time marked by Balka's platforms and chairs in the former prison of San Gimignano, the time inherent in the pauses and the flow of daily life which I believe is the real sub-text of Tacita Dean's film, *Mario Merz*, screened in the small cinema of the social club of Mensano.

In an age marked by the frenetic rush towards increasingly unclear objectives, the underlying thread that emerges from a number of the works is the need to reconsider, to relate to the public without seeking to amaze them but rather emphasizing the listening dimension, not being afraid to take a step towards darkness and depth (Marisa Merz, Cildo Meireles, Miroslaw Balka), welcoming and giving value to difference (Damián Ortega), looking at the area rather than consuming it (Lothar Baumgarten), considering the traces of the existent, as in Tacita Dean' drawings, where the outlines of the maps follow the veining of the alabaster itself…

Emanuela De Cecco

MIROSLAW BALKA SAN GIMIGNANO

12x(ø100x44) / time servants, 2002
12 piattaforme rotanti in metallo con seduta in legno, vaso in alabastro con pianta d'ortica, doccia con acqua corrente continua
12 rotating platforms in metal with wooden seat, alabaster pot and nettle plant, active old shower
ex-carcere di San Domenico

LOTHAR BAUMGARTEN MONTALCINO

Ecce homo, 2002
25 diaproiezioni all'interno della chiesa, 6 composizioni in alluminio smaltato e specchio nel chiostro
25 slide projections inside the church, 6 compositions in painted aluminium and mirror in the cloister
Chiostro e Chiesa di San Francesco

TACITA DEAN CASOLE D'ELSA

Alabaster drawings, 2002
6 lastre di alabastro agata incise, cm 60x60 ciascuna
6 engraved slabs of agata alabaster, cm 60x60 each
Chiesa delle Serve di Maria

Mario Merz, 2002
Filmato in 16mm a colori con colonna sonora ottica, 8' 30"
16mm colour film, optical sound, 8' 30"
Circolo Ricreativo Mensano

- september 11 2002

6

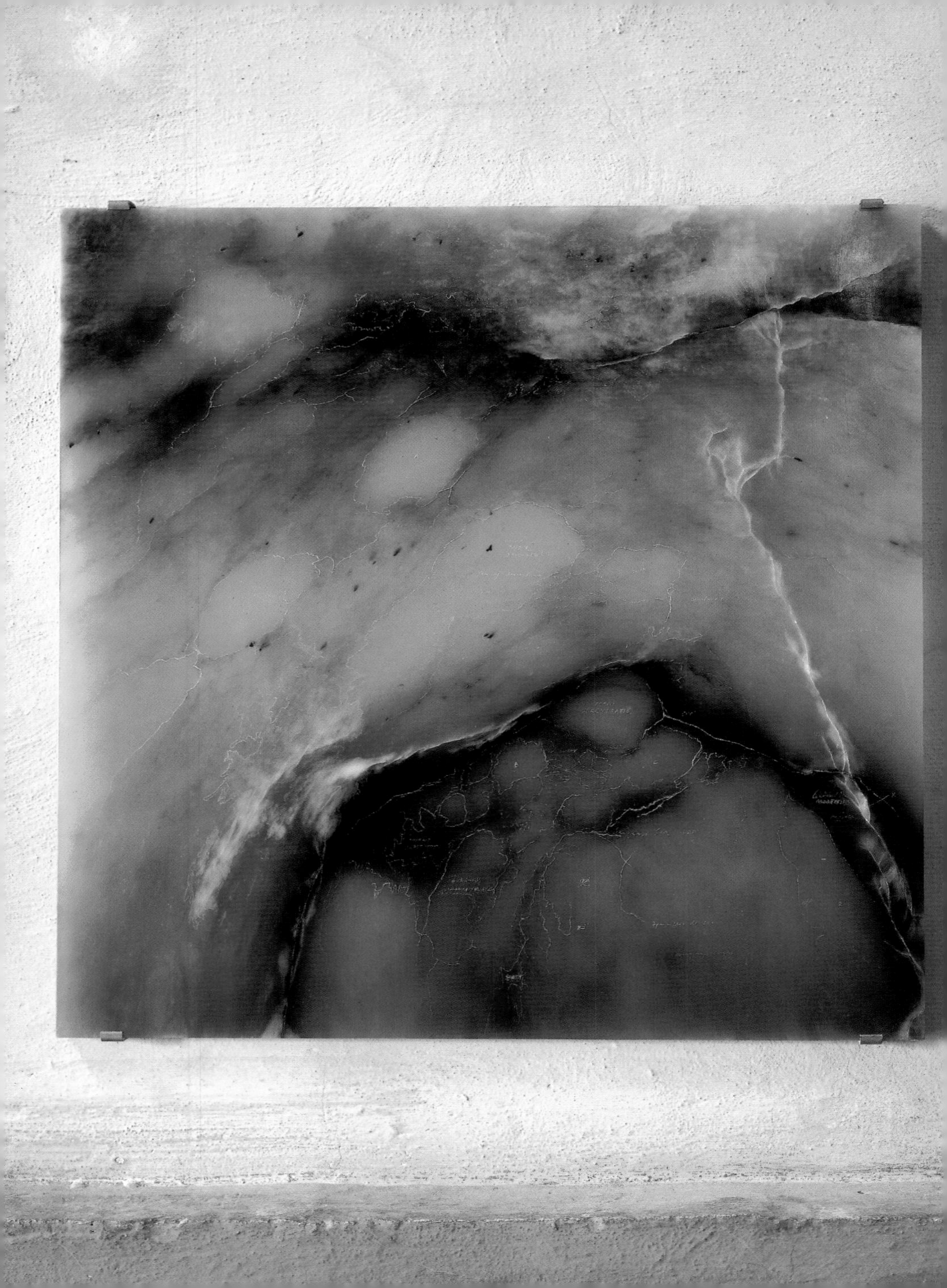

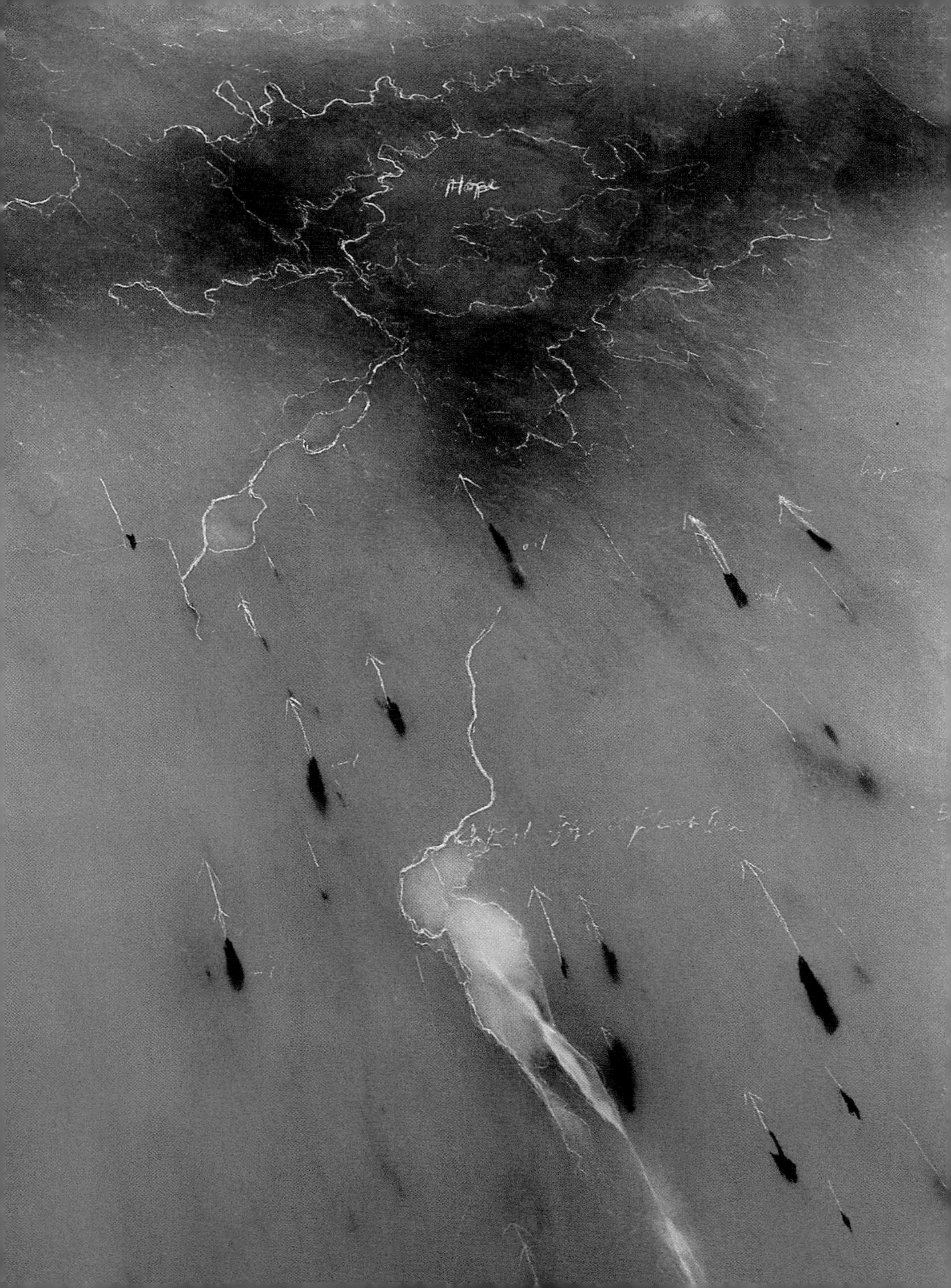
Hope

CILDO MEIRELES SIENA

Viagem ao centro do ceu e da terra, 2002
Scala in ferro, mt 40x1,2x0,12
Iron ladder, mt 40x1,2x0,12
Orto de'Pecci

MARISA MERZ COLLE DI VAL D'ELSA

Senza titolo, 2002
Porta in rame
Copper door
Cisterna di Porta Nuova

CISTERNA

CISTERNA

DAMIÁN ORTEGA POGGIBONSI

120 giornate, 2002
120 bottiglie in cristallo
120 crystal bottles
Enopolio Granducato

Artisti - Artists

Miroslaw Balka - San Gimignano

Il lavoro di Miroslaw Balka (Otwock, Polonia, 1958) nasce, come tutti i lavori dell'artista polacco, da una relazione densa con le connotazioni del luogo che la ospita. Se le mura del cortile dell'ex carcere di San Domenico a San Gimignano potessero parlare, ci racconterebbero infatti storie di ogni genere, i desideri compressi, le angosce, i pensieri quotidiani dei detenuti che, nel corso di secoli, vi hanno trascorso le ore d'aria, tutte uguali, per anni.

Con *12 x (ø 100 x 44) / time servants*, l'artista da un lato evoca le presenze degli abitanti che, costretti in questo luogo, vi hanno trascorso un tempo dove i giorni, i mesi, e gli anni sono scanditi dalla ripetizione indifferente, dove i fantasmi del passato e del futuro diventano inevitabilmente i compagni di strada più fedeli, dall'altro mette in scena un discorso più ampio che trascende la relazione con il luogo e le connotazioni storiche connesse per trasformarsi in una riflessione poetica sullo scorrere del tempo e sulla dimensione esistenziale in esso implicita.

Il lavoro di Balka si compone di 12 sedute realizzate con legno usato e posizionate

su altrettante basi circolari che si muovono lentamente su se stesse attorno al pozzo centrale preesistente. Accanto a ogni seduta, non esattamente confortevole, è disposto un vaso in alabastro, bianco come la base e contenente una pianta di ortica. Il silenzio del luogo è rotto dal sottofondo ipnotico prodotto dalla caduta dell'acqua della doccia riattivata dall'artista. Il pubblico è implicitamente invitato a sedersi sulle sedie e a lasciarsi andare al ritmo lento della rotazione: chiunque si avvicina è la presenza mancante, pronta a essere accolta sulla seduta vuota.
Sottolineando il vuoto prodotto dall'assenza, l'artista mette l'accento sulla percezione del tempo soggettiva. Ecco dunque che essere liberi o reclusi, non riguarda unicamente la condizione esplicita vissuta dai carcerati, ma assume una connotazione con la quale ogni essere umano si trova quotidianamente a fare o conti e che per esempio emerge in tutta la sua evidenza ogni volta che, di fronte a una scelta, entriamo in un confronto, spesso doloroso, con le mura che noi stessi costruiamo dall'interno.
L'attitudine a rielaborare le memorie personali, il rapporto col corpo, l'attenzione alle relazioni tra l'opera e lo spazio che la contiene, sono elementi centrali nel lavoro dell'artista sin dagli esordi. Balka si impone infatti all'attenzione della scena artistica nel 1985 quando, in occasione della mostra di fine anno presso l'Accademia di Varsavia, disloca il suo intervento in una cascina abbandonata nel villaggio di

Zukow e invita docenti e ospiti a recarvisi. Lì, dopo un percorso in autobus e una camminata, il pubblico è introdotto da due ragazzini vestiti in abiti da cerimonia alla visione di *Remembrance of the First Holy Communion* una statua di un adolescente su una piattaforma con una mano poggiata su un tavolino che contiene una foto dell'artista stesso il giorno della prima comunione. La performance si completa con l'arrivo di Balka su una bici da bambino con il volto truccato di bianco. Questo lavoro segna un esordio memorabile e viene esposto nel 1995 alla mostra "Rites of Passage: Art for the End of Century" alla Tate Gallery di Londra.
Nel corso degli anni il linguaggio di Balka diventa progressivamente più astratto, la figura umana scompare ed è sostituita dalle tracce che ne raccontano l'assenza. Entrano in gioco oggetti d'uso quotidiano portatori di significati simbolici. I materiali ad essi accostati assumono un ruolo sempre più centrale, gli stessi nuclei tematici assumono via via una forma più evocativa, la relazione con il vissuto personale s'intreccia con i rivoli della memoria storica.
L'artista rifugge dalla dimensione spettacolare e trasforma sostanze umili come il sale, la cenere o il sapone in simboli dell'esistenza umana. Un pezzo di vecchio linoleum contiene le tracce delle vite di coloro che vi hanno camminato sopra, l'odore aspro del sapone può evocare le memorie dei bagni della scuola ma allo stesso tempo la tragica produzione di sapone attivata nei campi di sterminio degli ebrei. L'artista sceglie materiali che per lui hanno sempre un forte significato personale, li assembla tenendo presente il vocabolario minimalista proponendone una versione fortemente segnata dalla dimensione soggettiva. Le dimensioni dei lavori sono fissate in relazione alle misure del suo corpo come sottolineano i titoli, espressione delle sue stesse misure: l'altezza, il peso, il numero di scarpe. Nei lavori più recenti la presenza umana è suggerita dall'uso di sottili riferimenti al corpo quali gli orifizi, le maniglie, lo spettatore ha lo spazio emotivo e mentale per completare le suggestioni indotte da queste tracce con la sua stessa memoria personale.
Dall'inizio degli anni Novanta, Balka è presente in importanti rassegne internazionali quali "Metropolis" a Berlino nel 1991, "Documenta IX" nel 1992, l'anno successivo l'artista rappresenta la Polonia alla Biennale di Venezia e, nel 1995, espone al Carnegie International di Pittsburgh.

E. D. C.

Miroslaw Balka - San Gimignano

The work of Miroslaw Balka (*b.* 1958, Otwock, Poland) for Arte all'Arte stems, as do all the works of the Polish artist, from concentrated interaction with the connotations of the location that houses it. If the walls of the courtyard of the former prison of San Domenico in San Gimignano could speak, they would recount all kinds of stories, suppressed desires, forms of suffering and daily thoughts of the inmates who over the centuries have spent their recreation period here in an unvaried routine lasting years.
With *12 x (ø 100 x 44) / time servants*, Balka on the one hand evokes the presence of the former inhabitants, for whom time passed in a context where the days, months and years were scanned by flat repetition and where the ghosts of past and future inevitably became their most faithful companions; on the other hand, he articulates a wider discourse that transcends the relation with the space and its associated historical connotations, becoming a wider poetic reflection on the passing of time and its implicit existential dimension.
The work consists of 12 chairs made from used wood and positioned on a similar number of slowly rotating circular bases arranged around the pre-existing, central well. Next to each chair, which are not exactly comfortable, there is an alabaster vase (white like the base) containing a nettle plant. The silence is broken by the hypnotic background noise of falling water from the shower reactivated by the artist. Members of the public are implicitly invited to sit down on the chairs and to surrender themselves to the slow rhythm of the rotation; anyone approaching becomes the missing presence, ready to be welcomed on the empty chair.
In emphasizing the emptiness produced by absence, Balka focuses on the perception of subjective time. Being free or being imprisoned therefore concerns not only the explicit condition experienced by the inmates, but touches on something with which all human beings are constantly having to come to terms. This emerges clearly, for example, each time we are faced with a choice and are confronted, often painfully, with the walls that we ourselves have built from within.
The tendency to rework personal memories, the relationship with the body, and an interest in the relations between the work and the space that contains it were central elements in Balka's work from the very outset. In fact, he came to the attention of the art world in 1985 at the end-of-year show of the Warsaw Academy of Fine Arts, when he presented his work in an abandoned farmstead in the village of Zukow and invited teachers and guests to go there. After travelling there by bus and finishing the journey

on foot, the public was introduced by two young boys dressed in ceremonial clothes to a viewing of *Remembrance of the First Holy Communion*, a statue of an adolescent on a low platform with his hand resting on a small table on which there was a photo of the artist himself taken on the day of his first communion. The performance was completed by the arrival of Balka – with his face painted white – on a child's bicycle. This work was a memorable debut and was exhibited in 1995 at the *Rites of Passage: Art for the End of Century* show at the Tate Gallery in London.

Over the years Balka's artistic syntax has become gradually more abstract, and the human figure has disappeared, giving way to traces that relate its absence. There are everyday objects resonant with symbolic meanings. The materials set alongside them have assumed a more and more central role, the core themes themselves an increasingly evocative form, and the relation with personal experience is interwoven with trickles of historical memory.

The artist slowly moved away from a spectacular dimension and began transforming ordinary substances like salt, ash or soap into symbols of human existence. A piece of old linoleum contains traces of the lives of those who have walked over it, the sharp odour of soap evokes memories of school baths but also tragically recalls the production of soap in the concentration camps. The artist always chooses materials that have a powerful personal significance for him; he then assembles them with a minimalist

syntax but in a version that has a markedly subjective dimension. The size of the works is established in relation to his body measurements – height, weight, shoe size – as underlined by the titles. In his most recent works, human presence is suggested through subtle references to the body, for instance orifices and handles, and the spectator has the emotional and mental space to complete the suggestions generated by these traces with his or her own personal memories.
Since the beginning of the 90s Balka has exhibited in major international shows such as *Metropolis* in Berlin in 1991 and Documenta IX in 1992. The following year he represented Poland at the Venice Biennale and in 1995 he showed at the Carnegie International in Pittsburgh.

E. D. C.

MIROSLAW BALKA

Principali mostre personali dal 2000
Selected Solo Exhibitions since 2000

2001
Eclipse, Kroller-Muller Museum, Otterlo, Nederland
Sweep, swept, swept , Barbara Gladstone Gallery, New York, USA
Around 21°15'00"E 52°06'17"N + GO - GO (1985-2001), S.M.A.K., Gent, Belgium
Pureza, Galería Juana de Azipuru, Sevilla, Spain
Around 21°15'00"E 52°06'17"N +GO-GO (1985-2001),Galeria Zacheta, Warszawa, Poland
Ruhe , BWA, Zielona Góra, Poland

2002
Tiedtothetoe, Dundee Contemporary Arts, Dundee, Scotland
Dig,dug,dug, Douglas Hyde Gallery, Dublin, Ireland
12 x (ø100 x 44) / time servants, Cortile ex carcere di S. Domenico, San Gimignano, Arte all'Arte – associazione Arte Continua, San Gimignano, Italy

Principali mostre collettive
Selected Group Exhibitions

1993
37,1 (cont.), Polish Pavilion, 45° Biennale di Venezia, Venezia, Italy

2000
I'm Not Here: Constructing Idenity at the Turn of the Century, Susquehanna Art Museum, Harrisburg, PA, USA
Still, Alexander and Bonin, New York, USA
Between Cinema and the Hard Place, Tate Modern, London, Uk

250 x 200 x 19, 2 x (60 x 40 x 14), (part.) 2001

89 x 106 x 66, 2001

History, 1988

Ombra della Ragione, Galleria d'Arte Moderna, Bologna, Italy
The Oldest Possible Memory, Sammlung Hauser & Wirth, St. Gallen, Suisse
Time and moments, Galeria Stara, Galeria Labirynt 2, Lublin, Poland
Absolut Ego, The Musee des Arts Decoratifs, Palais du Louvre, Paris, Italy
Wanas 2000, Wanas, Sweden
OO, Barbara Gladstone Gallery, New York, USA
The Vincent, Bonnefanten Museum, Masstricht, Luxembourg
Through Melancholia and Charm, Galerie Nordenhake, Berlin, Germany
Amnesia, Neues Museum Weserburg, Bremen, Germany
Vanitas, The Virginia Museum of Fine Arts, Richmond, Virginia, USA
L'autre moitié de l'Europe, Jeu de Paume, Paris, France
Negotiators of Art. Facing Reality, The Balthouse Center of Contemporary Art, Gdansk, Poland
Beware of Exiting your Dreams. You may Find Yourself in Somebody Else's, Galeria Zacheta, Warsaw, Poland
Scena 2000, Center of Contemporary Art, Warsaw, Poland

2001
In Between, The Art Institute of Chicago & Cultural Center, Chicago, USA
Negotiators of Art, Bunkier Sztuki, Krakow, Poland
Oblicza smierci, BWA, Katowice, Poland
Lugares de la Memoria, EACC, Castellon, Spain
Milano Europa 2000, PAC e La Triennale di Milano, Milano, Italy
Postawy, BWA, Lublin, Poland
Absolut Secret, Espace Tajan, Paris, France
Biurokracja / Bureaucracy, Galeria Foksal, Warsaw, Poland

2002
The Unthought Known, White Cube, London, Uk
Retrospectacle: 25 Years of Collecting Modern and Contemporary Art, Denver Art Museum, USA

250 x 200 x 19, 2 x (60 x 40 x 14), (part.) 2001

Lothar Baumgarten - Montalcino

Tra i massimi protagonisti della scena dell'arte degli ultimi tre decenni - Lothar Baumgarten conta 4 partecipazioni a Documenta a Kassel oltre a numerose mostre personali nei musei di tutto il mondo - sin dagli esordi il campo di azione privilegiato dall'artista prende in prestito le pratiche di osservazione delle civiltà 'altre' messe in atto dagli antropologi. Dal 1978 al 1980 Baumgarten soggiorna 18 mesi presso un villaggio Yanomàmi nel sud del Venezuela: è da allora che l'artista restituisce la sua visione formatasi sul campo in installazioni sensibili agli spazi espositivi, dove l'indagine critica su come si strutturano le relazioni di potere tra dominanti e dominati acquisisce dimensione poetica e le foto in bianco e nero convivono con interventi scritti sulle pareti.
Invitato a Documenta 7 a Kassel nel 1982, dipinge negli spazi neoclassici del Museo Fridericianum i nomi delle società indigene del Sud America. Al posto della consueta parata di motti umanisti o di personaggi illustri tipiche di queste architetture, l'artista inserisce i nomi degli 'altri' usando un rosso sangue realizzato con la tintura naturale da essi usata per decorarsi che spiega l'origine dell'appellativo discriminante di pellerossa (*Monument for the Native Societies of South America*).
Ospite del padiglione tedesco alla Biennale di Venezia del 1984, Baumgarten presenta un pavimento di lastre di marmo sulle quali sono inscritti i nomi dei grandi fiumi dell'area dell'Amazzonia e dell'Orinoco. L'attenzione attribuita a questi nomi sulla laguna veneziana suggerisce un possibile rovesciamento delle tradizionali opposizioni tra il cosiddetto vecchio e nuovo continente e mette in evidenza il processo di nominazione che ha governato le relazioni tra i due sin dai primi contatti: i conquistatori attribuivano a terre nuove nomi ad essi familiari ma senza tener conto della cultura già esistente (*"América" Señores naturales*).
Nel 1993 in occasione della mostra personale al Guggenheim Museum di New York, Baumgarten scrive sui parapetti esterni della spirale di Wright i nomi delle tribù nord americane indigene dall'Alaska al Messico e sulle pareti interne i nomi delle tribù sud americane indigene dalla Terra del Fuoco al Guatemala. A queste scritte aggiunge participi passati che evocano la violenza subita da queste genti (classificate... decimate... abbandonate... battezzate). Ne risulta una sorta di mappa non ufficiale del continente americano dove diventano evidenti, essendo sottolineate anche dal ruolo non neutrale esercitato dagli spazi del museo d'arte moderna per eccellenza in cui tale intervento è ambientato, le relazioni tra la costruzione dell'identità di un luogo in relazione all'affermarsi di un potere (*America Invention*).

Nel corso degli anni, in linea con gli sviluppi dell'antropologia sempre meno disposta a dare credito all'altro come soggetto esotico e sempre più interessata ad osservare con gli stessi criteri i contesti familiari, l'artista si rivolge ad osservare il sommerso e l'alterità presenti nel mondo occidentale.
La sua presenza ad Arte all'Arte prende corpo nella chiesa di San Francesco a Montalcino e nel chiostro adiacente. In chiesa Baumgarten ha installato 25 diaproiezioni in bianco e nero: vetrine di negozi del paese e di altri centri abitati della zona, dettagli di generi alimentari, animali, candele, spine... con la consueta precisione ed eleganza formale che caratterizza da sempre il suo lavoro, l'artista ha disposto le sue immagini tenendo conto sia della conformazione fisica della chiesa, sia dell'organizzazione interna degli spazi in relazione all'esercizio delle funzioni religiose.
Baumgarten introduce in uno spazio storicamente destinato al culto, i segni della città contemporanea dove la logica del commercio è di fatto il motore della maggior parte dei processi di trasformazione. Le vetrine dei negozi, curate nei dettagli, eleganti e ben fornite, affiorano come fantasmi nello spazio in penombra che le accoglie e suggeriscono un contrasto evidente con la condizione di abbandono di quest'ultimo. Presentate in questo contesto, esse diventano vere e proprie icone della quotidianità secolarizzata e votata al consumo.
A questa installazione fa da controcanto l'intervento nel chiostro adiacente alla chiesa dove 30 cerchi colorati nei toni della tavolozza rinascimentale convivono con altri cerchi specchianti destinati a riflettere il volto degli stessi spettatori. L'immagine scompare e lascia campo libero alle forme geometriche decisamente più essenziali, l'artista guarda dunque alla tradizione ma ne restituisce una visione complessa, niente di più lontano da possibili recuperi retorici o naif. Baumgarten pertanto suggerisce una riflessione sottilmente critica su due modi differenti di mettere in atto le relazioni tra la storia, la quotidianità, la memoria e il presente.

E. D. C.

Lothar Baumgarten - Montalcino

One of the leading figures on the art scene over the last three decades – he has participated four times at Documenta in Kassel and had numerous solo shows in museums around the world – from the very beginning Lothar Baumgarten's preferred field of action has involved drawing on practices used by anthropologists for observing 'other' civilizations. Between 1978 and 1980 Baumgarten spent 18 months in a Yanomàmi village in southern Venezuela, an experience which has deeply informed his work. In his installations (which are highly sensitive to the exhibition spaces) critical investigation of the structure of the power relations between dominant and dominated acquires a poetic dimension and black and white photos coexist with written text on the walls.

Invited to Documenta VII at Kassel in 1982, Baumgarten painted the names of the indigenous societies of South America in the neo-Classical spaces of the Museum Fridericianum. Instead of the usual assortment of humanistic mottoes or illustrious characters typical of such buildings, he inserted the names of 'others', using a blood red colour obtained from a natural dye and adopted for decorative purposes, which explains the origin of the discriminative name 'Red Indian' (*Monument for the Native Societies of South America*).

For the German pavilion at the Venice Biennale in 1984, Baumgarten produced a floor of marble slabs inscribed with the names of the major rivers in the Amazon and Orinoco basins. Devoting such attention to these names in the context of the Venice lagoon suggests a possible reversal of the traditional oppositions between the so-called Old and New Continent and emphasizes the process of naming that has governed the relations between the two continents right from the earliest contacts – the conquistadors attributed to new lands names that were familiar to them without taking account of the pre-existent culture *("América" Señores naturales*).

For his 1993 solo show at the Guggenheim Museum in New York, Baumgarten wrote on the exterior parapets of the Wright spiral the names of the indigenous North American tribes from Alaska to Mexico, and on the interior walls the names of the indigenous South American tribes from the Tierra del Fuego to Guatemala. To these he added past participles evoking the violence suffered by these peoples (classified... decimated... abandoned... baptized...). The result is a kind of non-official map of the American continent, which highlights the relations between the construction of the identity of a place and the affirmation of power (*America Invention*). This was further

underlined by the non-neutral role exercised by the work's setting in what is the quintessential modern art museum.
Over the years, in line with developments in anthropology, increasingly less inclined to treat the other as an exotic subject and more and more interested in observing familiar contexts with the same criteria, Baumgarten began observing forms of otherness and what is submerged in the Western world.
His work for Arte all'Arte is at Montalcino, in the church of San Francesco and the adjoining cloister. In the church he installed 25 black and white slides: images of shop windows in Montalcino and other local towns, details of food items, animals, candles, thorns... With the customary precision and formal elegance that have always characterized his work, the artist arranged his images bearing in mind both the physical structure of the church and the interior organization of spaces in relation to their use for religious functions.
Baumgarten introduces into what was once a place of worship the signs of the contemporary city, where the majority of transformation processes are effectively driven by the logic of trade. The shop windows – well-stocked, elegant, immaculately presented – appear like ghosts in the shadowy space around them and suggest an evident contrast with the abandoned state of the church. In this context, they become icons of secularized, consumer-driven everyday life.
This installation is accompanied by an intervention in the cloister adjoining the church, where 30 circles in the colours of the Renaissance palette coexist with a number of mirroring circles which reflect the faces of the spectators themselves. Here the image gives way to much more essential geometric forms. Baumgarten is attuned to tradition but proffers a complex view of it that could not be less rhetorical or naif. What he suggests, then, is a subtly critical reflection on two different ways of conceiving of the relations between history, everyday life, memory and the present.

E. D. C.

Ecce homo, 2002, Chiesa di San Francesco, Montalcino

LOTHAR BAUMGARTEN

Principali mostre personali dal 2000
Selected Solo Exhibitions since 2000

2000
Réalite Silhouette Paradoxe, Marian Goodman Gallery, Paris, France

2001
Pela Água Trazido Recolhido Despedaçado Soterrado, The Serralves Museum of Contemporary Art, Porto, Portugal
How to see Venice, Marian Goodman Gallery, New York
alora dunque, Palazzo Querini Stampalia, Venezia, Italy
Berühren zwei Kreise einander, so kann ihr Mittelpunkt nicht der selbe sein, Hamburger Kunsthalle, Germany

2001-02
Terra Firma, Drucke und Photographie 1977-85, Schirmer/Mosel Showroom, Munich, Germany

Entenschlaf (Der Grosse Metaphysiker), 1991-92, Documenta IX, Kassel

America Invention, 1988-93, Solomon R. Guggenheim Museum, New York

2002
Carbon, De Pont, Tilburg, The Nederland
Carbon, Freedman Gallery, Albright College Center for the Arts, Reading, Pennsylvania, USA
Ecce Homo, Chiesa di San Francesco, Montalcino, Arte all'Arte – associazione Arte Continua, San Gimignano, Italy

Principali mostre collettive
Selected Group Exhibitions

1972
Documenta 5, Museum Fridericianum, Kassel, Germany

1978
38a Biennale di Venezia, Venezia, Italy

1982
Documenta 7, Museum Fridericianum, Kassel, Germany

1984
41° Biennale di Venezia, (German Pavilion with A.R. Penck), Venezia, Italy

1992
Documenta 9, Kassel, Germany

1997
Documenta 10, Kassel, Germany

1999
Circa 1968, Serralves Museum of Contemporary Art, Porto, Portugal
The Museum as Muse: Artist Reflect, The Museum of Modern Art, New York
Seeing Time: Selections from the Kramlich Collection of Media Art, San Francisco Museum of Modern Art, USA
Ein Jahrhundert Kunst in Deutschland, National Galerie Hamburger Bahnhof, Berlin, Germany

2000
Kabinett der Zeichnung, Kunstakademie Dresden, Kunstverein Düsseldorf, Kunstverein Lingen, Kunstverein Chemnitz, Kunstverein Stuttgart, Germany

2001
Szenenwechsel XIX, Museum für Moderne Kunst, Frankfurt, Germany
Seeing Time: Selections from the Kramlich Collection of Media Art, Museum für neue Kunst ZKM, Karlsruhe, Germany

Teathrum Botanicum, 1993-94, Fondation Cartier pour l'art contemporain, Paris

Tacita Dean - Casole d'Elsa

Il lavoro di Tacita Dean (Canterbury, GB, 1965) prende corpo in una varietà di media che vanno dal disegno, alla fotografia, al suono, ma l'artista è conosciuta sulla scena internazionale principalmente per i film girati in 16 mm. Realizzati con inquadrature lunghe e camera fissa, spesso silenziosi, essi creano un senso di immobilità dove si respira un'atmosfera enigmatica e misteriosa, dove il racconto, che di frequente prende spunto da fatti realmente accaduti, preserva uno spazio in cui lo spettatore si ritrova a confrontarsi in libertà con le proprie paure e i propri desideri. Tra gli elementi ricorrenti, l'acqua, le immagini della costa dove la terra incontra il mare e le architetture abbandonate testimoni silenziosi di vite passate. In più di un film compare il faro come motivo centrale della narrazione o dettaglio significativo. La regolarità ciclica di emissione del segnale luminoso contrasta con l'incommensurabilità del paesaggio esterno e, in quanto elemento costruito dall'uomo, isolato e avvolto dall'immensità del mare, diventa a sua volta metafora della condizione umana.
Per esempio in *Disappearance at Sea I*, 1996, con il quale è stata candidata al Turner Prize nel 1998, Tacita Dean restituisce poeticamente la storia realmente accaduta di Donald Crowhurst, navigatore solitario che, spinto dal desiderio di realizzare una grande impresa, partecipa nel 1968 al *Sunday Times Globe Race* (un viaggio attorno al mondo) dal quale non fa più ritorno.
L'artista comunica la progressiva solitudine e il disorientamento che Crowhurst deve aver provato nella sua ultima avventura. La costruzione della storia è tale da funzionare come metafora del trascorrere del tempo, della rincorsa dell'uomo verso mete che si rivelano effimere concludendosi con la sparizione. Il racconto si apre con un primo piano sulla luce del faro di St. Abb nel Berwickshire: le luci ruotano lentamente e provocano un rumore di sottofondo, dopo qualche minuto si passa alla ripresa di un'immagine notturna di mare e cielo dove all'orizzonte si vede la casa del faro. Con il calar del sole, un raggio di luce attraversa il panorama fino a dissolversi al punto che l'immagine diventa completamente buia. L'audio del film è il rumore dell'ingranaggio mostrato in apertura. Oltre al film, *Disappearence at Sea* comprende una serie di disegni dove l'artista, usando il gessetto bianco sulla lavagna traccia una sorta di fermo-immagine dove le cancellazioni evidenti contribuiscono a dare l'idea dello svolgimento dell'azione.
Tacita Dean presenta un nuovo film in 16 mm della durata di otto minuti e mezzo, girato appositamente per Arte all'Arte: una sorta di ritratto poetico e concentrato di Ma-

rio Merz che ha preso corpo nel periodo di preparazione della mostra e ha trovato una collocazione ideale nel piccolo cinema all'interno del circolo di Mensano a pochi chilometri da Casole di Val D'Elsa. Un lavoro particolare girato dall'artista inglese: frammenti di conversazione in un pomeriggio in giardino, la variazione improvvisa della luce dovuta all'arrivo di un temporale, momenti di silenzio, poche parole in libertà, commenti sui ritmi quotidiani e la presenza intensa del protagonista. Si intravede un passaggio di Marisa Merz, artista presente nella mostra e si sentono altre voci. *Mario Merz*, oltre ad essere una sorta di omaggio ad una delle figure più importanti dell'arte italiana e internazionale dal secondo dopoguerra ad oggi, si presenta come riflessione poetica sullo scorrere del tempo, tema ricorrente in tutto il percorso di Tacita Dean.
La partecipazione dell'artista inglese ad Arte all'Arte si completa con la realizzazione di una serie di disegni su alabastro esposta negli spazi della Chiesa delle Serve di Maria a Casole d'Elsa: Tacita Dean è intervenuta su sei lastre di alabastro con il suo tratto delicato e intenzionalmente incerto, incidendo mappe di territori immaginari che sembrano affiorare direttamente dalle venature del materiale stesso. Avvicinando lo sguardo si individuano i tracciati, scritte appena accennate, piccoli disegni.

E. D. C.

Tacita Dean - Casole d'Elsa

Tacita Dean (*b.* Canterbury, UK, 1965) works in a variety of different media, including drawing, photography and sound, but she is best known on the international art scene for her 16mm films. Often silent, executed with long takes and a fixed camera, her films create a sense of immobility imbued with an enigmatic, mysterious atmosphere, where the narratives (frequently based on real events) generate a space in which spectators find themselves free to face their fears and desires. Recurrent elements include water, shots of the coast – where the land meets the sea and the sea reflects the sky –, and abandoned buildings bearing silent witness to past lives. A lighthouse appears in more than one film, either as a central motif of the narration or as a significant detail. The cyclic regularity of the light signal contrasts with the immeasurability of the external landscape, and insofar as it is an isolated man-made structure surrounded by the immensity of the sea, the lighthouse becomes a metaphor of the human condition.

For example, in *Disappearance at Sea I*, 1996 (nominated for the Turner Prize in 1998), she offers a poetic rendering of the real-life story of Donald Crowhurst, the solo yachtsman who, driven by a desperate desire to accomplish a major feat, participated in the 1968 Sunday Times Globe Race, from which he never returned. Dean conveys the increasing solitude and disorientation that Crowhurst must have experienced. The construction of the story is such that it functions as a metaphor of the passing of time, of the human pursuit of destinations that prove ephemeral and finally vanish. The narrative opens with a foreground shot of the lighthouse beacon of St. Abb in Berwickshire: the lights revolve slowly, generating a background noise; after several minutes, there is a shift to a night-time shot of the sea and sky, with the lighthouse visible on the horizon. As the sun sets, a ray of light cuts across the panorama, finally dissolving at the point where the image becomes completely dark. The sound on the film is generated by the mechanism shown at the beginning. Besides the film, *Disappearance at Sea* includes a series of drawings in white chalk on a blackboard, which trace a kind of still image where the evident erasures help to give an idea of the development of the action.

For Arte all'Arte Dean has presented a new 16mm film shot especially for the occasion. Lasting eight and a half minutes, it is a kind of condensed, poetic portrait of Mario Merz which took shape during the period of preparation for the show, and has found an ideal location in the small cinema in the Mensano social club just a few kilometres from Casole d'Elsa.

This unusual work by the English artist contains fragments of conversation taking place in a garden one afternoon, the sudden change of light caused by the arrival of a storm, moments of silence, a few unrehearsed words, comments on the rhythms of daily life and the intense presence of Merz himself. There is also a glimpse of the artist Marisa Merz (also present in this year's show) and other voices can be heard as well. *Mario Merz*, besides being a form of tribute to one of the most important figures in post-war Italian and international art, is also a poetic reflection on the passage of time, a recurrent theme in all of Dean's work.
Her work for Arte all'Arte also includes a series of drawings on alabaster, on show in the small church of Serve di Maria in Casole d'Elsa. On six slabs of alabaster, she has traced, in a delicate, intentionally uncertain fashion, maps of imaginary territories that seem to emerge directly from the veining of the material itself. Looking more closely, one can see outlines, barely sketched words and small drawings.

E. D. C.

TACITA DEAN

Principali mostre personali dal 2000
Selected Solo Exhibition since 2000

2000
Marian Goodman Gallery, New York, USA
Museum für Gegenwartskunst, Basel, Suisse
Sala Montcada de la Fundació "la Caixa", Barcelona, Spain
Art Gallery of York University, Toronto, Canada
Banewl, Matrix Program, Berkeley Art Museum, University of California, USA

2001
Museu d'Art Contemporani de Barcelona, Spain
Tacita Dean, Tate Britain, London, UK
FLOH, Frith Street Gallery, London, UK
Tacita Dean, Marian Goodman, Paris, France
DAAD and Niels Borch Jensen, Berlin, Germany
Melbourne International Biennal, Melbourne, Australia

Bubble House (Exterior), 1999

No Horizon, 1999-2000

2002
MuseuSerralves, Portugal
The Russian Ending, Peter Blum, New York, USA
Kunstverein fuer die Rheinlande und Westfalen, Duesseldorf, Germany
Alabaster Drawings / Mario Merz, Chiesa delle Serve di Maria, Casole d'Elsa, Arte all'Arte – associazione Arte Continua, San Gimignano, Italy

Principali mostre collettive dal 2000
Selected Group Exhibition since 2000

2000
Landscape, ACC Gallery, Weimar,

Germany and touring
The Sea and the Sky, Beaver College Art Gallery, Philadelphia, USA
L'ombra della ragione, Galleria d'Arte Moderna, Bologna, Italy
On the Edge of the Western World, Yerba Buena Center for the Arts, San Francisco, USA
Von Edgar Degas bis Gerhard Richter: Werke auf Papier aus der Sammlung des Kunstmuseums Winterthur, Suisse
Amateur/Liebhaber, Kunstmuseum, Kunsthallen & Hasselblad, Gothenberg, Sweden
Mixing Memory and Desire, neues Kunstmuseum, Luzern, Suisse
Artifice, Deste Foundation, Athens, Greece
The Sea and the Sky, Royal Hibernian Academy, Dublin, Ireland
Another Place, Tramway, Glasgow, UK
New British Art 2000: Intelligence, Tate Gallery, London, UK
Somewhere near Vada Project Art Centre, Dublin, Ireland
Media–city seoul 2000, Seoul Metropolitan Museum, Corea
Vision and Reality, Louisiana Museum of Art, Denmark

2001
Arcadia, National Gallery of Canada, Ottawa, Canada
Humid, Spike Island, Bristol (and tour), UK
Nothing: Exploring Invisibilities, Northern Gallery of Contemporary Art,

Bubble House (Seaview), 1999

Banewl, 1999

Sunderland, UK
Take Two/Reprise, Ottawa Art Gallery, Canada
Double Vision, Galerie für Zeitgenoessische Kunst, Leipzig, Germany
My Friends, Kunstforening, Tromsø, Norway
At Sea, Tate Liverpool, Liverpool, UK
Landscape, Centro Cultural del Conde Duque, Madrid; Sofia Municipal Gallery of Art; Museo de Arte Contemporanes de Niterio, Rio de Janeiro; Museu de Arte de Sao Paulo, Brazil
Directions, Hirschhorn Museum, Washington, USA
Venezia Film Festival, Venezia, Italy
Yokohama 2001 International Triennale of Contemporary Art, Japan
Futureland, Staedtisches Museum Abteiberg Moenchengladbach
Aubette-The longing for a(nother) place, Museum Dhont Dhaenens, Belgium
In Ruins, The Holburne Museum of Art, Bath, UK
A Pause for Breath, Frith Street Gallery, London, UK

2002
At Sea, Sainsbury Centre for Visual Arts, Norwich
Extreme Connoisseurship, Fogg Art Museum, Harvard, Boston, USA
Le Botanique, Centre Culturel de la Communaute francaise Wallonie-Bruxelles, Belgium
Preis der Nationalgalerie fur Junge Kunst, Hamburger Bahnhof, Berlin, Germany
Subreel, Galleries Contemporaines de Musées de Marseillles, France
Gap, Museum am Ostwall, Dortmund, Germany
Art & Industry Biennial 2002, Centre of Contemporary Art , Christchurch, New Zealand (curated by Juliana Engberg)
Biella Print Triennale, Museo del Territorio, Biella, Italy
Summer Exhibition, Frith Street Gallery, London, UK

Cildo Meireles - Siena

Cildo Meireles (Rio de Janeiro, 1948) sin dagli esordi occupa un ruolo chiave nella scena dell'arte brasiliana e internazionale. Il nucleo attorno al quale prendono forma i suoi interventi è la capacità di far convivere una lettura poetica e simbolica del reale con una riflessione puntuale sulle strategie che regolano i processi di produzione, circolazione e promozione dell'arte. La tensione a comunicare un concetto trova sempre nei lavori di Meireles una traduzione efficace dal punto di vista sensoriale e ciò avviene nella totale libertà di scelta dei linguaggi e dei materiali. Meireles infatti ha realizzato installazioni accumulando oggetti d'uso quotidiano (*Fontes,* 1992, installazione realizzata per Documenta IX, era un ambiente denso dove dal soffitto pendevano 7000 metri gialli e alle pareti erano esposti 200 orologi non sincronizzati tra di loro) installazioni di carattere sensoriale incorporando il suono, il fuoco, l'odore (*Volatile*, 1980/84, realizzata con cenere, candele e odore di gas naturale, o *The Sermon of the Mount*, 1973/79, installazione/azione realizzata con 126.000 cerini, specchi e cinque attori). L'artista crea le condizioni affinché lo spettatore, trovandosi totalmente immerso nel lavoro, ne colga il senso attraverso l'esperienza fisica diretta. In altri lavori come per esempio le Incursioni nei circuiti ideologici (dal 1970) l'artista ha insinuato dei vi-

rus simbolici nel circuito di produzione standardizzata, scrivendo frasi di denuncia sulle banconote o sostituendo l'etichetta delle bottiglie di Coca Cola con la frase "Yankee go Home!" e rimettendole in circolazione.
Presente a Documenta11 nel 2002, Meireles ha realizzato un intervento dove convivono una visione critica nei confronti del sistema di scambio delle merci ed un richiamo allarmato al progressivo deterioramento dell'ambiente. Con *Disappearing Element/Disappeared Element* (*Imminent Past*) l'artista ha infatti prodotto dei ghiaccioli d'acqua potabile e ha organizzato dei punti vendita mobili in diversi punti della città. Gli operatori coinvolti sono riconoscibili poiché hanno dei carrellini colorati e ad essi va direttamente il ricavato delle vendite. Meireles in questo intervento allude dunque alla progressiva mancanza d'acqua sul pianeta e a ci invita a riflettere sulle relazioni tra l'arte e il mercato, sulle nozioni di valore d'uso e valore di scambio, dove l'unica azione efficace di dissenso non può essere altro che la sparizione dell'oggetto stesso.
In occasione di Arte all'Arte il lavoro dell'artista brasiliano ha trovato una perfetta collocazione in un orto molto vicino al centro storico della città. Si tratta di uno spazio silenzioso, una vera e propria isola di pace gestita dalla Comunità dell'Orto dei Pecci la quale accoglie da anni persone che vivono problematiche legate al disagio psichico. In questo contesto la cura di un orto collettivo diventa occasione concreta di svolgere un lavoro che attiva responsabilità, richiede attenzione e rispetto dei ritmi della terra, tut-

ti elementi che si sviluppano su una logica differente rispetto ai tempi veloci del turismo che letteralmente consuma le città d'arte e non solo. La scala, slanciata verso l'alto (*Viaggio al centro del cielo e della terra*), s'inserisce dunque come un segno inedito rispetto al profilo così conosciuto della città, suggerendo quasi una modifica ai percorsi consueti del visitatore che si avvicina a Siena per visitare i monumenti storici e che di rado entra in contatto con la quotidianità degli abitanti, con tutto ciò che gravita al di fuori della sfera del turismo e tanto meno con coloro che vivono una condizione marginale e che appartengono per definizione a ciò che è opportuno non occupi una posizione troppo in vista. L'intervento di Cildo Meireles assume una connotazione particolare proprio in relazione a quest'attività e alla condizione delle persone che la svolgono, e propone una modifica dei percorsi usuali sia dei turisti sia degli abitanti stessi di Siena che per raggiungerlo possono percorrere una stradina secondaria che si allunga in discesa da Piazza del Campo, o possono arrivarvi passando dall'ingresso dell'ex ospedale psichiatrico.
È un segno leggero che invita chi si trova in basso in tutti i sensi a sollevare lo sguardo verso l'alto e viceversa. Attorno alla base della scala uno specchio d'acqua suggerisce la profondità: un altrettanto esplicito suggerimento poetico a non fermarsi in superficie, a non perdere il contatto con la terra...

Cildo Meireles - Siena

Right from the beginning of his career, Cildo Meireles (*b.* Rio de Janeiro, 1948) has occupied a prominent role on the Brazilian and international art scene. At the heart of all his work is an ability to combine a poetic and symbolic reading of the real with a careful analysis of the strategies regulating the processes of art production, circulation and promotion. In his works, the impulse to communicate a concept always finds an effective sensorial rendering, and he draws on an extensive range of languages and materials. For instance, he has produced installations involving the accumulation of everyday objects – *Fontes*, 1992, shown at Documenta IX, was an environment with 7000 yellow rulers hanging from the ceiling and 200 non-synchronized clocks on the walls. Others are markedly sensorial and incorporate sound, fire and smells: *Volatile*, 1980/84, was produced with ash, candles and the odour of natural gas, while the installation/action *The Sermon of the Mount*, 1973/79, made use of 126,000 matches, mirrors and five actors. The artist creates the conditions whereby the spectator – who is totally immersed in the work – can grasp its meaning through direct physical experience. In other works, for example *Incursions in ideological circuits* (from 1970), he

slips symbolic viruses into the standardized circuit of production, writing denunciatory comments on banknotes or substituting the label on Coca Cola bottles with "Yankee go Home!" and then putting them back into circulation.
For Documenta XI in 2002, Meireles produced a work entitled *Disappearing Element/Disappeared Element (Imminent Past)*, which combines a critical vision of the system of the exchange of goods and an urgent call to consider the progressive deterioration of the environment. He made ice lollies out of drinking water, and organized mobile sales points in various locations around the city. The vendors were recognizable because they had coloured carts, and the proceeds from sales went directly to them. With this work, Meireles alludes to the growing shortage of water on the planet and invites us to reflect on the relations between art and the market, on the notions of use value and exchange value, where the only effective action of dissent must necessarily be the disappearance of the object itself.
For Arte all'Arte, Meireles found the ideal location for his work in a vegetable garden very close to the historic city centre. It is a quiet space, an oasis of tranquillity run by the Orto dei Pecci community, which for many years now has been helping people with psychological difficulties. In this context, tending a collective vegetable garden is a concrete opportunity to do work that encourages responsibility and demands attention and respect for the rhythms of nature; these rhythms follow a pattern that is very

different to the fast pace of tourism, which, besides anything else, is literally devouring the art cities.
In this work – *Viaggio al centro del cielo e della terra (Journey to the centre of the sky and the earth)* –, a ladder extends skywards, creating a new sign on the skyline of such a well-known city. It almost encourages a modification of the usual routes taken by visitors coming to Siena to see the historic monuments and who rarely touch on anything outside the sphere of tourism, rarely entering into contact with the daily life of its inhabitants, let alone those who lead marginalized lives and belong by definition to a category deemed inappropriate to occupy too prominent a position. Meireles' work assumes particular significance precisely in relation to this work in the garden and to the condition of the people who do it, and proposes a modification of the usual paths taken both by tourists and by the citizens of Siena themselves, who, in order to reach it, can either take a small road running down from Piazza del Campo or go in via the entrance to the former psychiatric hospital.
It is a deft sign which invites those who are at the bottom (in all senses) to raise their gaze upwards, and vice versa. Around the base of the ladder, a pool of water suggests depth – an equally explicit poetic suggestion not to remain on the surface, not to lost contact with the earth...

CILDO MEIRELES

Principali mostre personali dal 2000
Selected Solo Exhibition since 2000

2000
Galeria Luisa Strina, São Paulo, Brazil
Retrospective, Museum Of Modern Art, São Paulo, Brazil
Retrospective Museum Of Modern Art, Rio De Janeiro, Brazil
Kunstverein, Koln, Germany

2002
Viagem ao centro do ceu e da terra, Orto de' Pecci, Siena, Arte all'Arte – associazione Arte Continua, San Gimignano, Italy

Principali mostre collettive
Selected Group Exhibition

1976
International Actulity, Biennale di Venezia, Venezia, Italy

1992
Documenta 9, Kassel, Germany

2000
Beyond Preconceptions: The Sixties Experiments, National Gallery Collection Of Modern And Contemporary Art, Prague, Czech Republic *Worthless*, Moderna Galerija Ljubljana, Slovenia
South Korea Biennal, Korea
Mostra Do Redescobrimento, São Paulo, Brazil

Fio (thread), 1990-95

Dusseldorf Kunsthalle, Germany
The Song Of The Earth, Museum Fridericianum Kassel, Germany
Making Choices, Museum Of Modern Art, New York, USA
Eztetyka Del Sueno, Reina Sofia, Spain

2001
Witte De Witt, Rótterdam, Nederland
Museu De Etnologia De Leiden, Nederland
Da adversidade vivemos, Museé D'Art Moderne De La Ville De Paris
Kiasma, Helsinki, Finland
Através, Versiones Del Sur:Eztética Del Sueño, Palácio De Cristal, Museo Nacional Centro De Arte Reina Sofia, Madrid, Spain
Blanton Museum, Austin, Texas, Usa
Beyond Preconceptions: The Sixties Experiments, Centro Recoleta, Buenos Aires, Argentina
Beyond Preconceptions: The Sixties Experiments, Faap, São Paulo, Brazil
Beyond Preconceptions: The Sixties Experiments, Paço Imperial, Rio De Janeiro, Brazil
Beyond Preconceptions: The Sixties Experiments, Berkeley, San Francisco, USA

2002
XI Documenta, Kassel, Germany
Paralela, São Paulo, Brazil
Desenhistas e Coloristas, Galeria Luisa Strina, São Paulo, Brazil

Entrevendo (Glimpsing), 1970-94

Marisa Merz - Colle di Val d'Elsa

Poco prima dell'inizio della strada principale che attraversa interamente il centro storico di Colle di Val d'Elsa, s'incontra in un incrocio una costruzione massiccia dalla base circolare che anticamente funzionava come cisterna del paese. Oggi questo spazio non ha più la funzione originaria, ma la suggestione che comunica è rimasta intatta: la cisterna somiglia, infatti, ad un fortino militare in miniatura, un luogo misterioso decisamente diverso da tutto ciò che lo circonda, compreso il continuo passaggio delle macchine, un luogo di difficile accesso pensato per proteggere qualcosa di prezioso contenuto al suo interno. Marisa Merz ha deciso di intervenire su questa struttura con un gesto semplice e deciso: la vecchia porta in legno è infatti sostituita dall'artista con una porta in rame. Il rame, metallo luminoso e malleabile, è uno dei materiali con i quali l'artista dialoga da sempre. L'artista lo ha utilizzato in fili per comporre lavorando a maglia, le sue note forme quadrate o triangolari dove l'uso di tale tecnica introduce un elemento sovversivo nel linguaggio della scultura contemporanea. La flessibilità di tali superfici fa sì che esse sembrino pensate per adattarsi al corpo: in diversi casi Marisa Merz è intervenuta in spazi aperti, in situazioni particolari come su una spiaggia, altre volte ha disposto le sue forme sulle pareti di spazi espositivi come agglomerati di figure. In esterno queste forme appaiono disporsi come delle piante o meglio come delle creature viventi. Anche in quest'occasione il lavoro di Marisa Merz dialoga in un corpo a corpo serrato con la struttura architettonica del luogo nel quale ha scelto realizzare il suo intervento: nel rispetto della funzione della porta (dotata di superficie e perfettamente funzionante), l'artista introduce una riflessione sul valore simbolico della porta intesa come passaggio, soglia e introduzione ad una dimensione altra. Se infatti la porta di Marisa Merz modifica innanzitutto la percezione complessiva dell'edificio valorizzandone la presenza – la porta riflette i raggi del sole diventando un vero e proprio punto di luce – in realtà essa scandisce anche il passaggio tra la superficie e la profondità, tra ciò che è visibile e l'invisibile, tra ciò che si presenta come dato immediato e ciò che richiede una forma di attenzione concentrata e disposta ad accettare la necessità di compiere tale passaggio. Un intervento che si pone implicitamente in una distanza siderale rispetto alle sirene della facile spettacolarità, dove l'arte contemporanea si offre come elemento di relazione e di dialogo intenso con i segni della storia senza rinunciare a richiedere una visione consapevole, a confrontarsi con un linguaggio di non sempre immediata comprensione, a varcare la soglia...

E. D. C.

CISTERNA

Marisa Merz - Colle di Val d'Elsa

At a crossroads just before the beginning of the main street that runs through the historic town centre of Colle di Val d'Elsa, there is a substantial, round-based construction that once functioned as a cistern. Although it is no longer in use, the suggestive nature of the space has remained intact; the cistern resembles a kind of miniature military fort, a mysterious place that is markedly different from everything that surrounds it, including the constantly passing cars, a place that it is difficult to gain access to, designed to protect something valuable inside. Marisa Merz decided to intervene on this structure with a simple, decisive gesture, replacing the old wooden door with one in copper. Merz has frequently worked with this shiny, malleable material. She has used it in threads to knit her well-known square and triangular forms, where the use of the knitting technique introduces a subversive element into the language of contemporary sculpture. The flexibility of the resulting surfaces is such that they seem designed to adapt themselves to the body. On various occasions, Merz has worked in open-air spaces, choosing unusual locations like a beach, on others she has arranged her forms on the walls of exhibition spaces as clusters of figures. On the outside these forms

seem to be arranged like plants, or rather, like living creatures. Here too Merz's work dialogues in a physically close way with the architectural structure of the location in which she has decided to work; whilst respecting the function of the door (which has a physical surface and is perfectly functional), the artist encourages reflection on the symbolic value of the door as a passage, a threshold, a point of entry into another dimension. If in fact Merz's door modifies above all the overall perception of the building, enhancing its presence – the door reflects the rays of the sun, turning into a point of light –, it also marks the passage from surface to depth, from what is visible to what is invisible, from what presents itself in the shape of immediate data to what requires a form of concentrated attention and a willingness to accept the need to carry out such a step. This implicitly positions the work at a sidereal distance from the sirens of facile spectacle. In this context, contemporary art builds relations and conducts an intense dialogue with the signs of history, whilst also not neglecting to call for a conscious vision, to tackle a language that is not always immediately understandable, to cross the threshold...

E. D. C.

MARISA MERZ

Principali mostre personali
Selected Solo Exhibitions

1990
Galleria Christian Stein (con Mario Merz), Torino, Italy

1993
Galleria Christian Stein, Milano, Italy

1994
Centre Georges Pompidou, Paris, France
Barbara Gladstone, New York, USA

1995
Kunstmuseum, Winterthur, Germany

1996
Stedelijk Museum, Amsterdam, Nederland

1998
Galleria Christian Stein (con Domenico Bianchi), Milano, Italy
Galleria d'Arte Moderna Villa delle Rose, Bologna, Italy

2002
Galerie Marian Goodman, Paris, France
Galleria Christian Stein, Milano, Italy
Senza Titolo, Cisterna, Colle Val d'Elsa, Arte all'Arte – associazione Arte Continua, San Gimignano, Italy

Principali mostre collettive
Selected Group Exhibitons

1972
36 Biennale di Venezia, Venezia, Italy

1976
37 Biennale di Venezia, Venezia, Italy

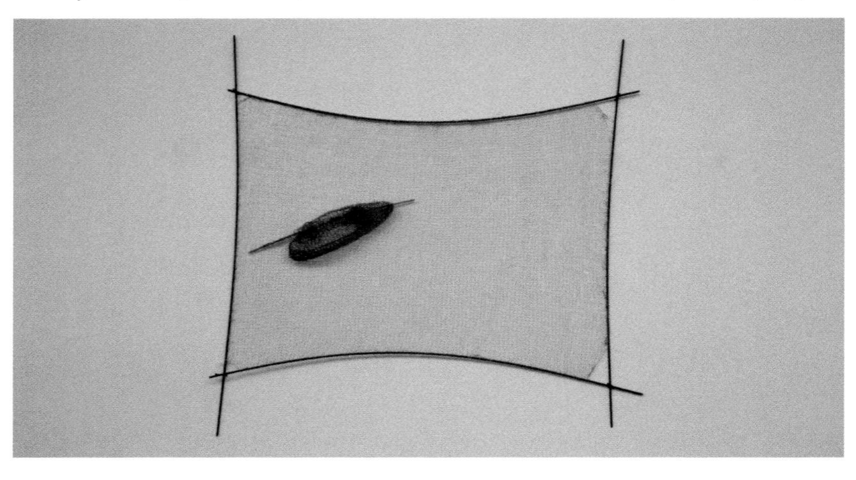

Scarpetta, 1970

Testa, 1982

1980
39 Biennale di Venezia, Venezia, Italy

1981
Linee della ricerca artistica in Italia 1960-1980, Palazzo delle Exposizioni, Roma, Italy
Identité italienne: l'art en Italie depuis 1959, Musée National d'Art Moderne Centre Georges Pompidou, Paris, France

1982
Avangardia Transavangardia, Mura Aureliane, Roma, Italy
Documenta 7, Kassel

1986
42° Biennale di Venezia, Venezia, Italy

1992
Documenta 9, Kassel, Germany

1994
From Arte povera to Transavanguardia, Nicaf, Italiana, Yokohama, Japan
The Italian Metamorphosis 1943-1968, Guggenheim Museum, New York, USA

2001
49° Biennale di Venezia, Venzia, Italy

Damián Ortega - Poggibonsi

Damián Ortega (Città del Messico, 1967) si è imposto di recente all'attenzione della scena dell'arte internazionale come uno dei più interessanti artisti dell'ultima generazione. Presente alla mostra Squatters organizzata dal Museo Serralves a Porto in collaborazione con il Witte de With di Rotterdam nel 2001, nell'autunno 2002 l'ICA di Philadelphia lo ha invitato a tenere la sua prima mostra in uno spazio museale.
Nel lavoro di Damián Ortega, la capacità di prendere posizione sulle emergenze contemporanee, coesiste in un efficace equilibrio con l'interesse costante alla forma e alle declinazioni che essa può prendere, anche in casi estremi come questo dove il soggetto, l'aria, è immateriale.

Ispirato da oggetti semplici e di uso quotidiano, quali le piccozze, le palline da golf, i mattoni, o recentemente una macchina, l'artista ne decostruisce il senso e la funzione per la quale essi sono stati costruiti e li altera rivelandone componenti nascoste, implicite, aspetti diversi o simbolici e dando vita a delle forme ibride.
Ortega si confronta con i codici della scultura tradizionale per esempio posizionando un obelisco commemorativo alto tre metri sulle ruote (*Obelisco con rueditas*), producendo una piccozza umanizzata che, nello scalfire il pavimento, appare sfinita dallo sforzo (*Pico Cansado*), creando una sorta di ponte di sedie legate e incastrate l'una con l'altra in un ambiente domestico che sembra avere preso forma con un procedimento spontaneo (*Self Constructed Bridge*) o, ancora, schierando in una formazione dinamica i carrelli del supermercato (*Vision Simultánea*).
L'artista trasforma oggetti e situazioni con irriverenza, ma senza ridurne il senso del suo lavoro ad una visione unica. Ne emerge così una realtà segnata da uno sguardo

ironico e giocoso, capace di creare un corto circuito per cui anche questioni terribilmente serie risultano allo stesso tempo profondamente irrisorie.
Mettendo l'accento sull'inutilità fa sì che affiori un senso altro, un altro piano svincolato dalla logica ristretta della produzione: lo scarto avviene rendendo protagonisti aspetti apparentemente marginali, come nel caso di una recentissima serie fotografica dove l'artista ritrae le piante capaci di crescere ritagliandosi uno spazio vitale tra le fenditure dell'asfalto.
In occasione di Arte all'Arte Ortega ha scelto di confrontarsi con l'immagine nota in tutto il mondo della bottiglia della Coca Cola, le cui forme sinuose riprendono la silhouette del corpo femminile. Vera e propria icona del mondo dei consumi, tale bottiglia ha attraversato il XX secolo mantenendo intatta la sua popolarità: celebrata o considerata simbolo da abbattere a seconda dei punti di vista, entrata a pieno titolo nell'iconografia dell'arte contemporanea, tra gli esempi più noti le riproduzioni di Andy Warhol e le *Inserçoes em Circuitos Ideologicos* dell'artista brasiliano Cildo Meireles, dove l'artista, manipolando le etichette, inseriva un elemento critico all'interno del processo di circolazione delle merci.
Ortega ha esposto il suo lavoro nell'Enopolio di Poggibonsi posizionando le bottiglie su una mensola composta da assi di legno che scorre lungo i muri e sulle macchine per imbottigliare il vino ancora presenti nello spazio: 120 variazioni sul tema prodotte dall'artista stesso su suo libero progetto e in parte coinvolgendo i suoi collaboratori - i vetrai della fabbrica Vilca – lasciandoli liberi di immaginare ulteriori variazioni.
L'artista ci introduce in un universo di forme bizzarre, dove i requisiti standard della produzione industriale contemporanea, la forma riconoscibile che nel tempo è diventata segno di sicurezza e affidabilità per il consumatore, entrano in crisi. Le bottiglie diventano corpi umani e il confronto si concentra sulle relazioni tra il corpo massificato e gli interventi di manipolazione artigianale che include i trattamenti più disparati, dalle pratiche di scarificazione alla tortura.
A partire dal titolo, *120 Giornate*, che chiama in causa il mondo letterario di De Sade, Le 120 Giornate di Sodoma, ma anche la trasposizione cinematografica di Pasolini, Ortega presenta un mondo di imprevisti, dove sulle bottiglie/corpo sono state realizzate delle variazioni rispetto al modello originale, con delle distorsioni intese come trasformazioni dell'una o dall'altra parte del corpo: la bocca, il collo, la pelle, gli organi, l'unione, i mostri, il corpo come campo di battaglia.

Damián Ortega - Poggibonsi

Damián Ortega (*b.* Mexico City, 1967) has recently made his mark on the international art scene as one of the most interesting artists of the last generation. He was at the 2001 *Squatters* show organized by the Museo Serralves in Porto in collaboration with the Witte de With in Rotterdam, and in autumn 2002 the ICA in Philadelphia invited him to hold his first solo museum show.
In his work, the ability to take a stance on contemporary emergencies coexists in an effective equilibrium with his constant interest in form and the various shapes that this can assume, even in extreme cases like this, where the subject, air, is immaterial.
Inspired by simple, everyday objects such as pickaxes, golf balls, bricks or, more recently, a car, the artist deconstructs the meaning and function for which they have been constructed and alters them to reveal hidden, implicit or symbolic aspects, giving life to hybrid forms.
Ortega explores the codes of traditional sculpture, positioning, for example, a 3-metre

high commemorative obelisk on wheels (*Obelisco con rueditas*); producing a humanized pick which appears exhausted by the effort of scratching the floor (*Pico Cansado*); creating, in a domestic environment, a kind of bridge of interlocking chairs that are tied to each other, a bridge which seems to have taken shape spontaneously (*Self Constructed Bridge*); or by arranging supermarket trolleys into a dynamic formation (*Vision Simultánea*).
Ortega transforms objects and situations in an irreverent way but without reducing the meaning of his work to any single reading. What emerges is a reality marked by an ironic, playful gaze, capable of creating a short circuit where even terribly serious issues are at the same time laughable.
The effect of placing emphasis on the useless is to give rise to another meaning on another plane, one that is free from the narrow logic of production; this comes about by giving a central role to apparently marginal aspects, as in a recent series of photographs of plants that manage to grow by carving out a vital space for themselves in cracks in asphalt.
For Arte all'Arte, Ortega has chosen to focus on an image known throughout the world – the traditional Coca Cola bottle –, whose sinuous shape recalls the silhouette of the female body. A quintessential icon of consumer society, it remained popular throughout the 20th century and has become, depending on one's point of view, either something to celebrate or a symbol to destroy. It has also become part of the

iconography of contemporary art; well-known examples are Andy Warhol's reproductions and the *Inserçoes em Circuitos Ideologicos* by the Brazilian artist Cildo Meireles, who by manipulating the labels, inserted a critical note into the process of the circulation of goods.

Ortega chose to show his work at the Enopolio (wine cooperative) in Poggibonsi, positioning the bottles on a shelf made of planks of wood running around the walls, and on the wine bottling machines still present in the space. There are 120 variations on the theme, produced by the artist himself to his own designs, and partly also by his assistants – the glassmakers of the Vilca factory – who were given the freedom to come up with further variations. He introduces us to a universe of bizarre forms, where the requisite standards of contemporary industrial production – including the recognizable form which with time has become a reassuring sign of reliability for the consumer – are undermined. The bottles become human bodies, and the focus is on the relations between the standardized body and forms of craft manipulation, which involve a wide variety of treatments ranging from scarification to torture.

Starting with the title, *120 Giornate (120 Days)*, which recalls the literary world of De Sade (*The 120 Days of Sodom*, but also the cinema version by Pasolini), Ortega presents a world of surprises where the bottles/bodies have been varied in relation to the original model with distortions involving the transformation of one or another part of the body – the mouth, the neck, the skin, the organs... the body as battlefield.

DAMIÁN ORTEGA

Principali mostre personali dal 2000
Selected Solo exhibitions since 2000

2001
Alguem me soletra, artist in Residence, Museu Serralves, Porto, Portugal

2002
Damián Ortega, ICA Philadelphia, USA.
Damián Ortega, D'amelio Terras Gallery, New York, USA
Dot It!, Artist project for Frieze Magazine, March April issue
120 giornate, Enopolio, Poggibonsi, Arte all'Arte – associazione Arte Continua, San Gimignano, Italy

Principali mostre collettive dal 2000
Selected Group Exhibition since 2000

2000
Galerie Kurimanzutto @ Galerie Chantal Crousel, Paris, France
Torino Prize, Fondazione Sandretto Re Rebaudengo per l'Arte, Torino, Italy
Permanencia Voluntaria, Galería Kurimanzutto, Cinemanía, Plaza Loreto, México D.F.
Supermodernismo (Improvisado), Ex Teresa Arte Actual, México, D.F.
Puerto Rico 00 (Paréntesis en la Ciudad), Puerto Rico
Videoarte de la nueva generacion, Generalli Foundation, Suisse

Salinismo/Stalinismo, 1993

Puentes y presas (autoconstrucción), 1997

2001
Animation, P.S. 1 Contemporary Art Center, New York, USA
Squatters, Museu Serralves, Porto, Portugal
Squatters, Museum Witte de With, Rotterdam, Holland
Ars 2001, Kiasma Museum of Contemporary Art, Helsinki, Finland
Do It!, Museo de Arte Carrilo Gil, Mexico City, Mexico
Tirana Biennale, Albania
Escultura Mexicana. De la Academía a la Instalación, Palacio de Bellas Artes, México, D.F.
Mutations. La video mexicaine actuelle, Palais des Arts, Toulouse, Iconoscope, Montpellier, France
Como es que los autos no vuelan aún, Centro de las Artes, Monterrey, Mexico
Metropolis Mexica, Musée de Picardie; Amiens, France

2002
Gawnju Biennale, Gwanju, South Korea.
Damián Ortega, Institute of Contemporary Art, Philadelphia, USA

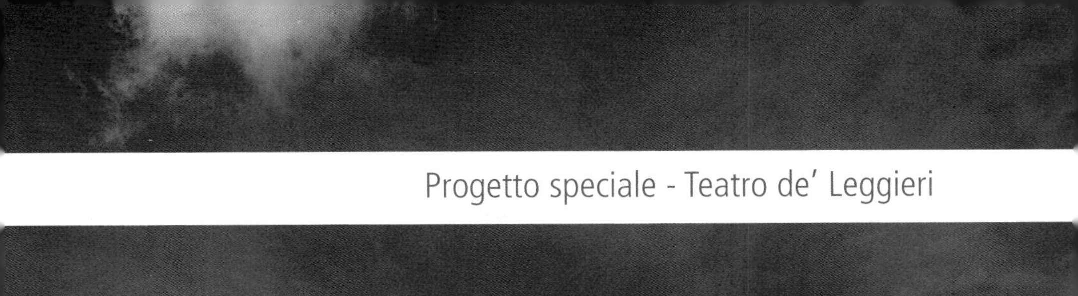

Progetto speciale - Teatro de' Leggieri

Teatro de' Leggieri - San Gimignano

Una delle finalità implicite nel progetto di Arte all'Arte è la volontà di stabilire delle connessioni reali con il territorio e con le realtà vive che vi operano. Gli artisti sono chiamati ad intervenire direttamente nel tessuto sociale e tenere conto delle caratteristiche specifiche del contesto.
A questo proposito, in parallelo con la mostra vera e propria, lo scorso anno, per la prima volta si è svolto un concorso dove alcuni giovani artisti italiani sono stati invitati a progettare gli spazi della Casa della Musica-Sonar a Colle di Val d'Elsa. Il concorso è stato vinto da Loris Cecchini che ne ha ridisegnato interamente gli interni trasformandoli in una sua installazione permanente, un ambiente- opera d'arte che quest'anno ha ospitato la festa di apertura di Arte all'Arte.
Quest'anno il concorso riguardava l'atrio del Teatro dei Leggieri a San Gimignano. Posizionato nella piazza della Collegiata, il teatro è una presenza significativa nella storia del paese. Costruito nel settecento secondo i canoni della tradizione italiana, il teatrino ha un atrio ristrutturato di recente dove gli elementi di arredo disposti in uno spazio decisamente limitato non suggeriscono alcun rimando alla bellezza che si trova nell'interno.
Il Concorso, indetto dal Comune di San Gimignano in collaborazione con l'Associazione Arte Continua, richiedeva dunque dei progetti finalizzati ad ampliare l'ambiente dal punto di vista percettivo, non potendo ampliare fisicamente gli interni del teatro. Un compito stimolante ma decisamente non facile proprio perché si richiedeva una riflessione capace di tenere conto dei molti limiti insiti nella situazione di partenza. Sono stati invitati a partecipare cinque artisti, selezionati tra coloro i quali nel proprio percorso avessero già dimostrato sensibilità nei confronti dello spazio, con l'obiettivo di scegliere e realizzare come intervento permanente uno dei cinque progetti.
Gli artisti invitati a partecipare sono Mario Airò, Sergia Avveduti, Massimo Bartolini, Margherita Morgantin e Italo Zuffi. La scelta della giuria, composta dallo staff dell'Associazione Arte Continua, dal sindaco e dai curatori, ha premiato il contributo di Mario Airò tenendo conto oltre che ovviamente della qualità della proposta anche della possibilità di trasformarlo in realtà.
Tutti i progetti hanno affrontato con intelligenza la questione dando esiti in direzioni assai diverse: oltre al progetto vincitore vanno segnalate le due soluzioni estreme: da un lato la modificale radicale degli spazi proposta da Massimo Bartolini, dall'altro l'intervento poeticamente fuorviante di Margherita Morgantin che ha proposto di inserire negli spazi del teatro un dispositivo come quelli che solitamente si trovano nelle chiese e negli spazi sto-

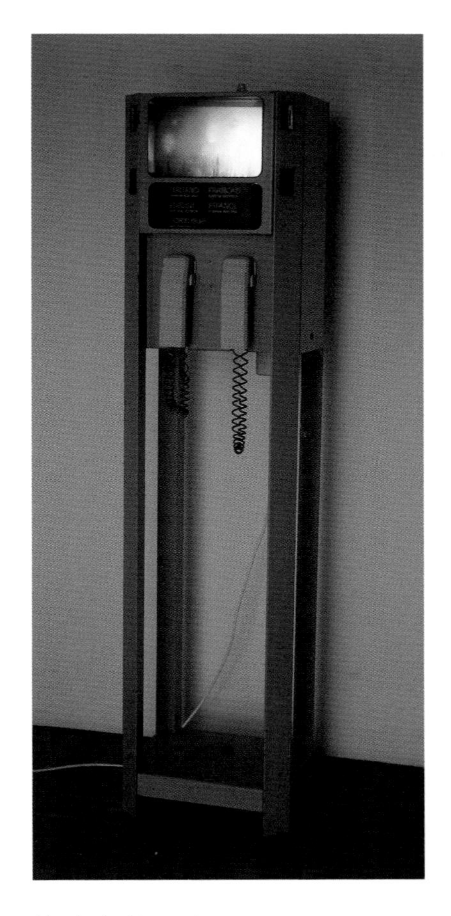

Margherita Morgantin

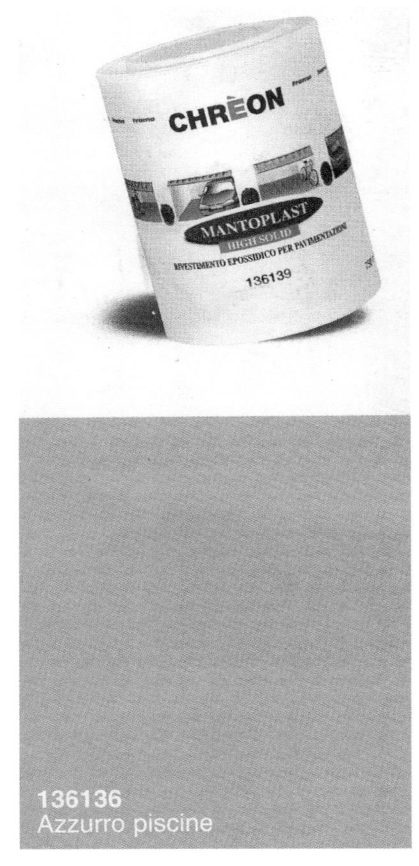

Massimo Bartolini

rici per avere indicazioni sulla loro storia ma che in quest'occasione aveva un audio e delle immagini per andare altrove.

L'intervento di Mario Airò, realizzato in collaborazione con il fotografo Attilio Maranzano, coinvolge a più livelli gli spazi di accesso al teatro. L'artista con il suo intervento sottolinea l'identità originaria del luogo ristabilendo il collegamento diretto mancante tra lo spazio del teatro vero e proprio e l'area di accesso, intervento che valorizza l'importanza che esso ha avuto in passato e soprattutto il desiderio che questa importanza sia tuttora

conservata all'interno della comunità locale. Allo stesso tempo, la scelta di ritrarre altri teatri presenti nell'area toscana di dimensioni simili e costruiti secondo gli stessi criteri, suggerisce un collegamento con una tradizione più ampia, tradizione spesso minacciata dai processi di trasformazione del territorio che tengono conto solo dei capolavori riconosciuti e sono meno rispettosi di un contesto intriso di segni della storia tuttora vivi, tuttora utilizzabili.
Le fotografie scattate da Attilio Maranzano sono disposte sulle balaustre del foyer, sono dettagli e visioni di insieme che con la loro presenza amplificano a prima vista la sensazione di entrare in un teatro. L'atmosfera visiva ottenuta tramite le immagini è completata di un intervento sonoro che si attiva durante la salita e la discesa dalle scale: tracciando un ulteriore connessione con il mondo del teatro, l'artista ha infatti registrato la voce di un attore, Claudio Tosi, che reinterpreta liberamente un estratto del monologo del folletto Puck che conclude la commedia di Shakespeare *Sogno di una notte di mezza estate.*

E. D. C.

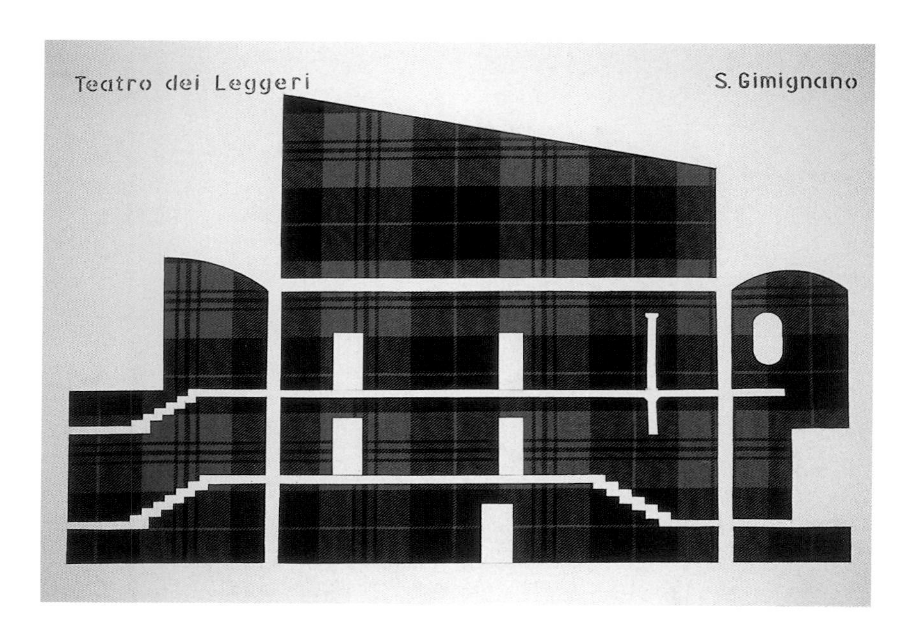

Italo Zuffi

Teatro de' Leggieri - San Gimignano

One of the implicit aims of the Arte all'Arte project is to forge genuine ties with the local area and with aspects of community life. The artists are asked to work within the social fabric of the area and to take account of the specific contextual characteristics.
In this regard, and running alongside the main show, a competition was launched last year where a number of young Italian artists were invited to submit a design for the Casa della Musica-Sonar near Colle Val D'Elsa. The winner, Loris Cecchini, completely re-designed the interiors and transformed them into a permanent installation, an environment–artwork that hosted the opening party of this year's Arte all'Arte.
This year's competition centred on the foyer of the Teatro dei Leggieri in San Gimignano.

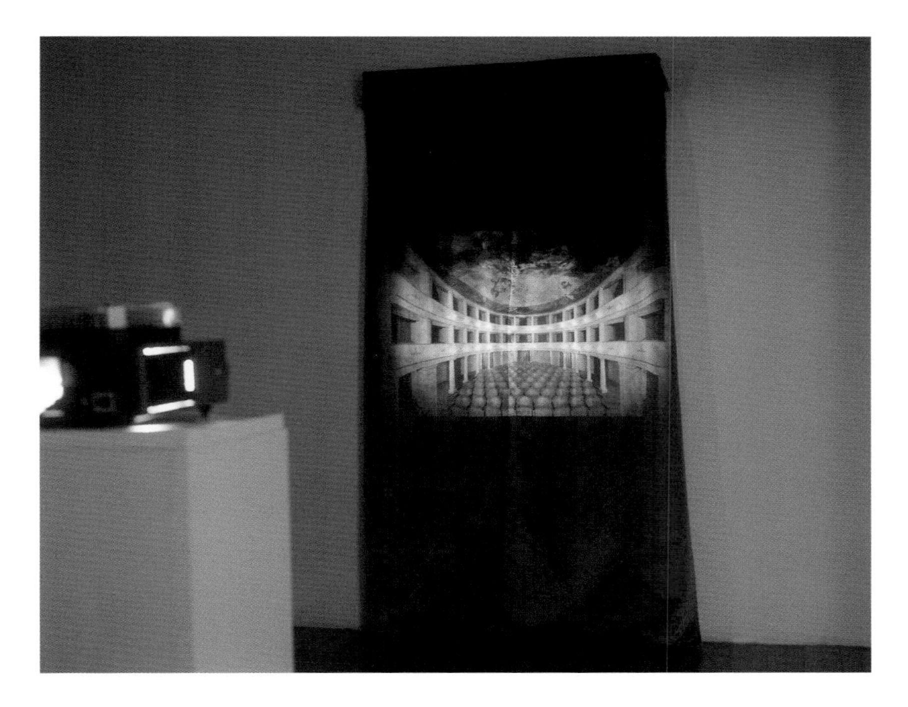

Mario Airò

Sergia Avveduti

Situated in Piazza della Collegiata, the theatre was built in the 18th century in the traditional Italian style, and is a significant presence in the town. Although the foyer has recently been refurbished, its furnishings are arranged in a decidedly limited space and do not hint at or refer to the beauty of the theatre itself.

Organized by the town council of San Gimignano in collaboration with the Associazione Arte Continua, the competition called for projects capable of enlarging the space from a visual point of view, given that it is not physically possible to do so. A stimulating but by no means easy task, because it required an approach capable of taking account of many intrinsic, pre-existing limitations. Five artists were invited to participate, selected from a group of people who in their careers had already demonstrated a sensibility to space. Invitations were extended to Mario Airò, Sergia Avveduti, Massimo Bartolini, Margherita Morgantin and Italo Zuffi, the aim being to choose and realize one of the five projects as a permanent work. The jury, comprising the staff of the Associazione Arte Continua, the mayor and the curators, chose the project of Mario Airò, taking into consideration not only the quality of the work itself but also the possibility of actually realizing it.
All the submissions offered an intelligent approach to the problem, and there were a range of potential solutions. Besides the winning project, the two more extreme solutions also deserve mention; on the one hand the radical modification of the space proposed by Massimo Bartolini, on the other the poetically deviant project of Margherita Morgantin, who suggested using the kind of audiovisual device frequently installed in churches and historic monuments to provide information about their history, but which in this case had an audio and images that lead elsewhere.
Mario Airò's project, undertaken in collaboration with the photographer Attilio Maranzano, impinges on the foyer on a number of different planes. Airò emphasizes the original identity of the place, reestablishing the missing but direct connection between the theatre space itself and the entrance area; this enhances the importance the theatre had in the past and above all the desire that it should be kept alive in the local community. At the same time, the decision to feature other Tuscan theatres of similar dimensions, built according to the same criteria, suggests the connection with a broader tradition, a tradition often threatened by transformations underway in the area, which tend to focus exclusively on recognized masterpieces and neglect other places that are also steeped in history, are still alive and still useable.
Attilio Maranzano's photographs are positioned along the balustrade of the foyer; they are shots of theatres in their entirety or of specific details, and their presence amplifies the sensation of entering a theatre. The visual atmosphere generated by the images is complemented by a sound track that is activated when people go up and down the stairs. Airò establishes a further connection here with the theatre world by recording the voice of the actor Claudio Tosi, who offers a free interpretation of an extract from Puck's monologue at the end of Shakespeare's *A Midsummer Night's Dream.*

E. D. C.

MARIO AIRÒ SAN GIMIGNANO
IN COLLABORAZIONE CON ATTILIO MARANZANO

Progetto per il Teatro de' Leggieri, 2002
Specchio serigrafato cm 180x300, 8 fotografie montate su alluminio, audio
Silkscreened mirror cm 180x300, 8 photographic prints on aluminium, sound
Installazione permanente, Teatro de'Leggieri

MARIO AIRÒ

Principali mostre personali dal 2000
Selected Solo Exhibition since 2000

2000
Springa, springa, springandela, Kunsthalle Lophem, Lophem-Zedelgem, Belgium

2001
Mario Airò, Galleria Gianluca Collica, Palermo, Italy
La stanza dove Marsilio sognava di dormire, GAM, Torino, Italy

2002
Mario Airò, Galerie Meert Rihoux, Bruxelles, Belgium
Mario Airò, Base/Progetti per l'Arte, Firenze, Italy
La visione di Philip, a cura di G. Di Pietrantonio e P. Tognon, Piazza Vecchia, Bergamo, Italy
Progetto per il Teatro dei Leggieri, San Gimignano, Progetto speciale per Arte all'Arte – associazione Arte Continua, San Gimignano, Italy

Principali mostre collettive
Selected Group Exhibition

1997
Futuro, Presente, Passato, XLVII Biennale di Venezia, Venezia, Italy

Springa, springa, springadela, 2000

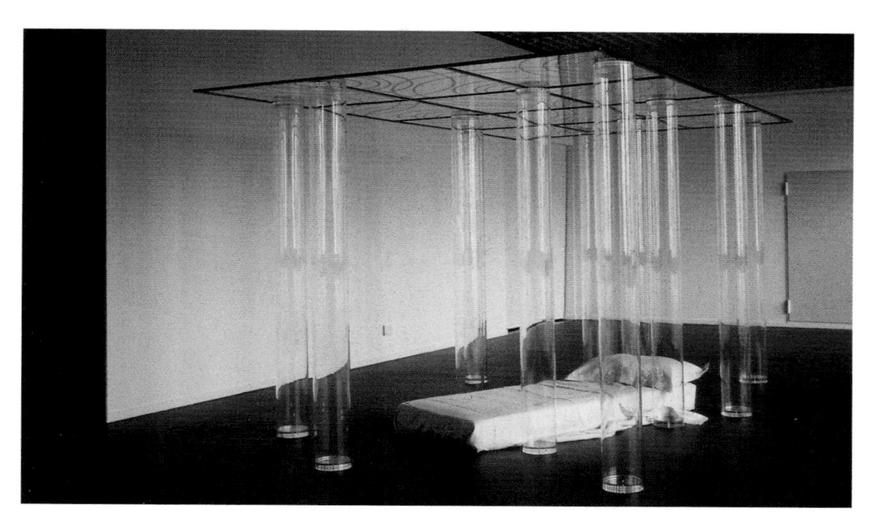

La stanza dove Marsilio sognava di dormire, 2001

2000
Migrazioni e Multiculturalità, Centro per le Arti Contemporanee a Roma, Roma, Italy
Over the Edges, a cura di J. Hoet e G. Di Pietrantonio, Smak, Gent, Belgium
Quotidiana, Castello di Rivoli, Rivoli, Italy
Futurama, a cura di R. Gavarro e M. Meneguzzo, Museo Pecci, Prato, Italy
Gymnasium, Centro Civico La Grancia, Serre di Rapolano, Italy
9,8 m/s, Zero, Piacenza, Italy
Galleria Gianluca Collica, Catania, Italy

2001
Leggerezza - Ein Blick auf zeitgenössische Kunst in Italien, a cura di M. Ackermann e G. Iovane, Lenbachhaus, München, Germany
Indoor, Smak, Gent, Belgium
Sonsbeek 9: Locus Focus, a cura di J. Hoet, Arnhem, Holland
Corpo e Peccato, a cura di A. Bonita Oliva, Biennale di Valencia, Valencia, Spain
Gravità Zero, a cura di B. Pietromarchi, Palazzo delle Esposizioni, Roma, Italy
Camera Italia, a cura di G. Di Pietrantonio, Associazione culturale Vista Mare, Pescara, Italy
Processo alla Natura, a cura di G. Di Pietrantonio, Associazione Culturale La Marrana, Montemarcello, Italy

2002
Paradiso perduto, a cura di A. Stazzone, Palazzo dell'Arengo, Rimini, Italy
Verso il futuro. Identità nell'arte italiana 1990 - 2002, a cura di C. D'Orazio, L. Pratesi, Museo del Rorso, Roma, Italy

Percorsi fatti ad arte - La didattica di Arte all'Arte

Da anni il centro Ragazzi di Poggibonsi, spazio istituzionale creato dal comune di Poggibonsi, si occupa di didattica dell'arte anche riguardo alla manifestazione Arte all'Arte.
Arte all'Arte, riesce a creare l'incontro con il lavoro di artisti contemporanei, opere, installazioni, oggetti che non necessitano di essere spolverati dalle scorie di definizioni date, ma privi di "cornici" sono terra inesplorata, che invita al viaggio.
E l'incontro con il contemporaneo è già trasformazione, che libera, nella costruzione di un percorso di didattica dell'arte, da ruoli prefissati, chiarendo il senso di una ricerca educativa. Gli adulti spogliati di un bagaglio di risposte certe, abbandonano il ruolo di insegnanti, per diventare, accanto ai ragazzi ricercatori, il cui compito non è indicare strade conosciute o mete obbligate, ma suggerire un procedere, che è proprio dell'*arte* e della *ricerca educativa*: interrogarsi, cercando di *leggere* l'esistente, e con l'esistente se stessi, per *riscrivere*, là dove è possibile, la realtà che ci circonda.
Operazione che chiarisce e motiva uno dei possibili legami tra *arte* e *scuola*.
Negli anni sono state organizzate attività sui lavori di Daniel Buren, Mimmo Paladino e Nari Ward.
Nell'anno '99-'00 è stato organizzato un laboratorio didattico con i ragazzi delle scuole medie, svolto per il Centro da Gianni Gronchi.
Il laboratorio ha avuto come oggetto della ricerca l'installazione di Daniel Buren realizzata all'interno della rassegna Arte all'Arte nella Fortezza di Poggio Imperiale di Poggibonsi.
Dall'interpretazione-elaborazione del tema bandiere, ha preso forma un'esposizione, quasi un percorso interattivo che ha offerto la possibilità a ragazzi e adulti non solo di avvicinare un artista contemporaneo, ma di entrare in un'opera d'arte.
Nel 2001-2002 è stato realizzato un laboratorio didattico sull'installazione di Nari Ward, *Illuminated Sanctuary of Empty* Sins, svolto per il centro da Gianni Gronchi.
I ragazzi si sono aggirati come *detective* sulla scena del delitto, alla ricerca di *indizi*, intorno all'opera di Nari Ward, ciascuno percorrendo un *cammino personale*, protagonisti del proprio percorso di conoscenza.
Osservare i particolari, collegare elementi, leggere il contesto, sono alcune delle operazioni da suggerire per svelare l'opera. È ruolo dei ragazzi collegare prove e reperti, ricomporre *fili di senso*, indicando *chiavi di lettura*.
L'opera nella sua complessità offre molteplici e contradditori significati.

Scoperta che porta nell'ascolto delle voci di ciascuno, a valorizzare le differenze, moltiplicando l'esperienza.

È la necessità della lentezza la scoperta più significativa del lavoro che conduce a sperimentare *tempi* di una conoscenza, che rispetta le modalità e i ritmi diversi del procedere di ciascuno, dedicando cura alla ricerca che accantona il consumo veloce del sapere, *l'usa* e *getta*, privilegiando il *come*, rispetto al *cosa*.

Ma il suggerimento forse più significativo nel cercare intorno al lavoro di Nari Ward, viene dall'invito che Calvino rivolge al suo lettore: *"scassinare"* l'opera, superando il rispetto e la comprensione formale.
Calvino suggerisce la lettura come un rapporto interattivo tra autore-lettore, operazione preziosa che porterà a svelare all'autore tesso, inconsapevoli e sconosciuti aspetti della sua scrittura. Allora il rapporto con il libro, così come con l'opera d'arte, è continuo scambio, una relazione in divenire.

Il gioco *dell'interazione* viene adottato dai ragazzi, che non limitandosi a cogliere i contenuti dell'opera, scoprono quella che è la *poetica dell'artista*, il suo rapportarsi e interagire con il luogo, creare un'opera che apre interrogativi e operazioni nello spazio.
Ed è applicando la ricerca di Nari Ward che i ragazzi riscrivono e traducono il loro rapporto con gli spazi quotidiani, la scuola, la città.
L'installazione, realizzata dai ragazzi a Poggibonsi, appare come *un'opera aperta* all'intervento di altri soggetti, un gioco del domino da smontare e ricostruire ogni volta, momento di scambio e di consapevolezza.

E gioco interattivo è anche quest'opera, non solo perché documentazione di un percorso di scambio con i ragazzi, che ne sono i veri autori, le cui intuizioni ed emozioni hanno aperto sguardi ed echi profondi in ciascuno di noi, ma perché questo lavoro più che un *arrivo* è un punto di partenza di una ricerca tutta da definire, i cui *materiali* possono essere smontati per dar vita a percorsi diversi e personali che ci piacerebbe incontrare.

Donatella Bagnoli
Coordinatrice Centro Ragazzi

Paths in and around art - Arte all'Arte education

The council-run Poggibonsi Children's Centre has for many years been involved in art education and in the Arte all'Arte event. Arte all'Arte provides an opportunity for an encounter with the work of contemporary artists – works, installations, objects that do not need to be freed from the incrustations of given definitions, but are "frameless", unknown territory inviting a journey of exploration.
This encounter with the contemporary is already transformation, which in the planning of an art education programme frees one from pre-established roles, clarifying the significance of educational work. Stripped of their stock responses, the adults abandon their teaching role and become researchers alongside the children. Their task is not to point out known or obligatory paths, but to suggest a procedure that is a part of *art* and of *educational research*: asking questions, trying to *read* the existent, and with the existent, one's self, in order to *rewrite*, where possible, the reality around us. This clarifies and motivates one of the possible links between *art* and *school*.
Over the years, activities have been organized around the works of Daniel Buren, Mimmo Paladino and Nari Ward. In 1999–2000 an education workshop was organized for middle school children and run for the centre by Gianni Gronchi. The workshop focused on Daniel Buren's installation for Arte all'Arte situated in the Poggio Imperiale fortress in Poggibonsi. Interpretation and exploration of the theme of the flag resulted in a show that was almost an interactive itinerary, offering children and adults alike the opportunity not only to respond to a contemporary artist but also to enter a work of art.
In 2001–2001 Gronchi ran another workshop for the centre, this time based on Nari Ward's installation, *Illuminated Sanctuary of Empty Sins*. The children moved around like *detectives* on the scene of the crime, looking for *clues* around Ward's work, each person moving along his or her *own path* as part of a self-directed learning process. Observing details, making connections, examining the context – these are some of the suggested operations that can help to reveal the work. The children's role is to link proof and finds, draw together *threads of meaning*, indicating *interpretative perspectives*. The work offers multiple and contradictory meanings, recognition of which leads, by listening to what everyone has to say, to a valuing of differences and a broadening of experience.
The most significant discovery of the work is the need for slowness, which leads to an awareness of *time* in learning, to respect for each individual's rhythms and methods,

to research that lays to one side the rapid consumption of knowledge, the *disposable*, emphasizing the *how* rather than the *what*.
But perhaps the most significant suggestion for working around Ward's installation comes from Calvino's invitation to his reader to *"break open"* the work, moving beyond formal respect and understanding. Calvino views reading as an interactive relationship between author and reader, a valuable operation which will reveal to the author himself unconscious and unknown aspects of his writing. One's relationship with a book, as with a work of art, is thus one of constant exchange, a relationship in the process of becoming.
The *interaction* game is adopted by the children, who do not limit themselves to grasping the content of the work but also discover the *artist's poetics*, his relationship and interaction with the place, creating a work that raises questions and operations in the space. And by applying Nari Ward's research the children rewrite and translate their relationship with the spaces of their daily lives, the school, the city. The installation realized by the children at Poggibonsi appears *open* to the intervention of others, a game of dominoes to dismantle and rebuild each time, instances of exchange and awareness.
And this work is also an interactive game, not only because it documents a process of exchange with the children, who are its real creators and whose intuitions and feelings have been eye-opening and have struck chords in us all, but also because it is not so much a point of *arrival* as it is one of departure, the beginning of as yet undefined work, the *materials* of which can be dismantled to give life to various personal paths which we would very much like to come across.

Donatella Bagnoli
Coordinator, Children's Centre

Referenze fotografiche

pp. 2 - 3 Fotografie dell'inaugurazione di Arte all'Arte, settembre 2002, foto di Ela Bialkowska, Roberto Borgogni e Jacques Morrens
p. 9 Loris Cecchini, *Sonar - Casa della musica*, 2001, installazione permanente, Colle di Val d'Elsa, progetto per Arte all'Arte 2001, foto di Ela Bialkowska, veduta dell'esterno
pp. 10 - 11 Nari Ward, *Illuminated Sanctuary of Empty Sins*, 2001, installazione permanente, termoutilizzatore di Poggibonsi, progetto per Arte all'Arte 2001, foto di Attilio Maranzano
p. 15 Loris Cecchini, *Sonar - Casa della musica*, 2001, installazione permanente, Colle di Val d'Elsa, progetto per Arte all'Arte 2001, foto di Ela Bialkowska, veduta dell'interno
pp. 16 - 17 Jannis Kounellis, *Senza titolo*, 2001, installazione permanente, Montalcino, progetto per Arte all'Arte 2001, foto di Attilio Maranzano
pp. 30 - 31 Foto Duccio Nacci
pp. 37 e 39 Miroslaw Balka, *ø100x44 / time servant*, 2002, mostra dei progetti di Arte all'Arte, Palazzo delle Papesse, Siena, foto Ela Bialkowska
pp. 41 e 43 Lothar Baumgarten, *Ecce homo*, 2002, mostra dei progetti di Arte all'Arte, Palazzo delle Papesse, Siena, foto Ela Bialkowska
pp. 45 e 47 Tacita Dean, *Verification of the stigmata (first sketchbook, 1983; Newspaper article, 1996; Photograph, 1983; Found book 2002)* 2002, mostra dei progetti di Arte all'Arte, Palazzo delle Papesse, Siena, foto Ela Bialkowska
pp. 49 e 51 Cildo Meireles, *Viagem ao centro do ceu e da terra*, 2002, mostra dei progetti di Arte all'Arte, Palazzo delle Papesse, Siena, foto Ela Bialkowska
p. 53 Marisa Merz, *Senza Titolo*, 2002, mostra dei progetti di Arte all'Arte, Palazzo delle Papesse, Siena, foto Ela Bialkowska
pp. 55 e 57 Damián Ortega, *120 Giornate*, 2002, mostra dei progetti di Arte all'Arte, Palazzo delle Papesse, Siena, foto Ela Bialkowska
pp.58 - 59 Foto Duccio Nacci
pp. 67 - 75 Miroslaw Balka, *12x(ø100x44) / time servants*, 2002, ex carcere San Domenico, San Gimignano, progetto per Arte all'Arte 2002, foto Ela Bialkowska, vedute dell'installazione
pp. 77 - 83 Lothar Baumgarten, *Ecce homo*, 2002, Chiostro e Chiesa San Francesco, Montalcino, progetto per Arte all'Arte 2002, foto Ela Bialkowska, vedute dell'installazione
pp. 85 - 89 Tacita Dean, *Alabaster drawings*, 2002, Chiesa delle Serve di Maria, Casole d'Elsa, progetto per Arte all'Arte 2002, foto Ela Bialkowska, vedute dell'installazione
pp. 90 - 91 Tacita Dean, *Mario Merz*, 2002, film in 16mm proiettatto al Circolo di Mensano (Casole d'Elsa), progetto per Arte all'Arte 2002, foto Ela Bialkowska, veduta dell'installazione
pp. 92 - 93 Tacita Dean, *Mario Merz*, 2002, film in 16mm proiettatto al Circolo di Mensano (Casole d'Elsa), progetto per Arte all'Arte 2002, still dal film
pp. 95 - 101 Cildo Meireles, *Viagem ao centro do ceu e da terra*, 2002, Orto de' Pecci, Siena, progetto per Arte all'Arte 2002, foto Ela Bialkowska, vedute dell'installazione
pp. 103 - 107 Marisa Merz, *Senza Titolo*, 2002, Cisterna, Colle di Val d'Elsa, progetto per Arte all'Arte 2002, foto Ela Bialkowska, vedute dell'installazione
pp. 109 - 117 Damián Ortega, *120 Giornate*, 2002, Enopolio, Poggibonsi, progetto per Arte all'Arte 2002, foto Ela Bialkowska, vedute dell'installazione
pp. 120 - 121 Miroslaw Balka durante l'allestimento del suo lavoro presso l'ex carcere di San Domenico a San Gimignano, foto di Ela Bialkowska
p. 124 Miroslaw Balka, *12x(ø100x44) / time servants*, 2002, ex carcere San Domenico, San Gimignano, progetto per Arte all'Arte 2002, foto Ela Bialkowska, veduta dell'installazione
p. 125 Emanuela De Cecco, Miroslaw Balka e Vicente Todolí durante un sopralluogo
p. 126 Miroslaw Balka, *250 x 200 x 19, 2 x (60 x 40 x 14)*, 2001 (particolare), tappeto, sale, mdf, plexiglas e luce; tappeto: 250 x 200 x 19 cm; lampade cd: 60 x 40 x 14 cm; courtesy Barbara Gladstone, New York
p. 127 Miroslaw Balka, *89 x 106 x 66*, 2001, legno, latta, veneziana, ottone, plastica e acqua; 89 x 106 x 66 cm;